红色记忆® 19

粉碎日军“铁壁合围”

海南省文化交流促进会　编

南海出版公司

2012·海口

图书在版编目（CIP）数据

红色记忆·第1辑·19 / 海南省文化交流促进会编 .
-- 海口：南海出版公司，2012.10（2025.1 重印）
ISBN 978-7-5442-6083-1

Ⅰ.①红… Ⅱ.①海… Ⅲ.①革命传统教育—中国—青年读物②革命传统教育—中国—少年读物 Ⅳ.① D642-49

中国版本图书馆 CIP 数据核字（2012）第 230849 号

HONGSE JIYI · DI 1 JI · 19
红色记忆·第1辑·19

作　　者　海南省文化交流促进会
总 策 划　刘　栋
顾　　问　贾延岩
执行总编　任在齐　张　桐　张爱国
责任编辑　聂　敏
封面设计　郑广明
排版印务　何怡欣
发行总监　杨成春
出版发行　南海出版公司　电话：（0898）66568508　66568511
社　　址　海南省海口市海秀中路 51 号星华大厦五楼　邮编：570206
电子信箱　nhpublishing@163.com
经　　销　新华书店
印　　刷　天津睿意佳彩印刷有限公司
开　　本　787 毫米 ×1092 毫米　1/16
印　　张　6
字　　数　100 千字
版　　次　2012 年 10 月第 1 版　2025 年 1 月第 2 次印刷
书　　号　ISBN 978-7-5442-6083-1
定　　价　39.80 元

序

对历史无知的人，没有真正的信仰可言；没有信仰的人，不可能拥有美好的理想，不可能胸怀崇高的情感，也就不可能担负起任何责任。用欲望文化代替历史教育，足以使一个国家的青年被腐蚀、使一个民族的希望被毁掉，使这个国家和民族被永世万代地奴役！

鉴于此，我们呼唤历史，唤回那段属于二十世纪的“红色”历史，唤回那段炮火硝烟、颠沛流离的历史，唤回那冲天的狼烟留下的悲壮回忆、岁月年轮沉淀的斑驳痕迹。历史不应该被忽略，更不应该被遗忘，牢记那段革命战争年代的红色历史更是责任。为了那些不应该被忘却的记忆，为了那些不应该被丢弃的信念，于是就有了这套《红色记忆》丛书。

曾记否，当草鞋与意志丈量出来的两万五千里穿越一个伟大民族五千年的荣辱兴衰，革命的火种被一路播撒、一路点燃。人迹罕至的雪山、荒无人烟的草地被鲜血浸透，衬映出一段光辉的里程；万水千山早已被远远地抛在身后，一轮红日在黄土高原磅礴而起。满目疮痍的河山在1936年10月温暖如春……

曾记否，当生命和鲜血浸染的十几年光阴将一种记忆铭刻进一个伟大民族的历史画卷，革命的火焰从星火到燎原。这栏杆拍遍、易水悲歌般的呼号，这折戟沉沙、慷慨赴义的悲壮，这铁马冰河、枕戈待旦的苦战，这红旗漫卷、所向披靡的豪迈……腔腔热血、铮铮铁骨早已被熔铸成一座不朽的丰碑，中华民族从苦难中百死后生的壮丽诗史凝结成了五星闪耀的红色记忆。

曾记否，中华人民共和国成立以来，又有无数英烈接过前辈用鲜血染红的旗帜，或壮怀激烈戍边卫国，或忠于职守鞠躬尽瘁，或绝甘分少奉献大爱，甘做国家强盛、人民富裕的铺路石，成为和平年代民族复兴的荣光，把人民心中的红色记忆浸染得分外鲜艳，永不褪色。

这红色记忆，是信念不衰、志向不改的崇高气节；这红色记忆，是无私无我、生属苍生的博大胸怀；这红色记忆，是敢为人先、披荆斩棘的拓荒精神；这红色记忆，是中华民族最宝贵的精神财富。它告诫我们，人事有代谢，传承无绝期。缅怀先烈精神，继承先烈遗志，是社会的道德和民族的良心，是后来者须臾不可忘怀的本分。

老一代人把历史的真实交付给我们，我们有责任用真实还原历史，传承给下一代，把那段岁月与现在年轻人的生活连接到一起，使他们眼中的历史变得立体、真实、可靠，让历史成为他们前进的动力。本丛书将那些流动的、随时会飘散在时间天际的事件凝固下来，希望透过这些文字、图片，感受到英雄们那坚定的革命信念，感受到那个年代澎湃的革命激情，真切体会那段“红色历史”。

忘记历史，就意味着背叛。让我们重温历史，缅怀先烈，从中汲取力量，毅然前行。

刘栋

目录 CONTENT

陶勇将军在抗美援朝中　文 / 胡兆才　1

抗联英雄孟泾清　文 / 梁怀峰　韩　涛　9

刀劈日军显威风
——记冀东民族英雄节振国　文 / 金　辉　15

敢爱敢恨，坦然一生　文 / 江　山　王　忱　19

两次深入敌区购置电台　文 / 洪　琪　25

“放牛娃”见证临高角登陆和解放海南　口述 / 黎日金　30

十六天穿过四道封锁线　口述 / 师宗勤　整理 / 苏建刚　34

高洁如松竹，堪为后者师　文 / 祝丽娜　祝曼曼　祝苏展　祝红军　38

红枪白马女政委赵一曼　文 / 红　飞　46

播撒革命火种的人
——记江福喜烈士　文 / 喻忠国　50

大智若愚于文清　文 / 马永成　53

林伯熙：让日军胆战心惊的名字　文 / 王愉靖　55

以相机作刀枪的战地记者　文 / 周堪李　58

粉碎日军“铁壁合围”　文 / 罗文坊　62

回忆邢沙永战役　文 / 何正文　73

“抗日救亡革命老屋主”的革命家庭　口述 / 杨日强　整理 / 郭承志　84

陶勇将军在抗美援朝中

文 / 胡兆才

陶　勇

陶勇（1913—1967年），原名张道庸，安徽霍邱县人。1929年加入中国共产主义青年团，同年参加中国工农红军，1931年加入中国共产党。土地革命战争时期，任红四方面军第十师第二十八团连长、营长、团长、代师长，参加了苏区的反“围剿”和长征，作战机智勇敢。抗日战争时期，任新四军第二支队第四团副团长、苏皖支队司令员；1940年夏，任新四军苏北指挥部第三纵队司令员；1941年皖南事变后，任第一师第三旅旅长；1944年底，任苏浙军区第三纵队司令员；解放战争初期，任第二十三军军长，参加了苏中、淮海、渡江诸战役；中华人民共和国成立后，任中国人民志愿军第九兵团副司令员、代司令员兼代政治委员，被授予朝鲜民主主义人民共和国一级自由独立勋章。1952年任华东海军司令员、党委第一书记，后任军委海军副司令员兼东海舰队司令员、又兼南京军区副司令员等职。1955年被授予中将军衔，荣获一级八一勋章、一级独立自由勋章和一级解放勋章。

一

1950年10月5日上午，中国人民解放军第三野战军第二十三军军长陶勇，精神焕发地来到上海市人民政府市长办公室门口，随着他的一声“报告”后，屋内即传来华东军区暨第三野战军司令员兼上海市市长陈毅的话音：“是陶勇吧，快请进。”陶勇推门而入，陈毅站起身问：“你知道我找你来干什么吗？”陶勇低声答道：“是为那兵团副司令的事吧！”第二十三军前身是从1939年的新四军苏皖支队发展而来的，陶勇与这支部队结下了深厚感情。半年前，中央军委任命他为第三野战军第九兵团副司令，他却多次向上级请求不当兵团副司令。此次陈毅有请，他估计仍是为他当兵团副司令的事。陈毅严肃地对他说：“美帝国主义把战火烧到鸭绿江畔，毛泽东主席命令第九兵团赴朝作战。为了保家卫国，你必须立即去九兵团就职，发挥你这虎将的虎威，打好第一仗。”第三野战军副司令员粟裕在一旁插话说：“我们知道你陶勇在荣誉和待遇上从不伸手，但是，当兵团副司令也是军队建设的需要，何况九兵团赴朝作战命令已下，希望你协助宋时轮打好这一仗，为第三野战军争光，为中国人民争光。”陶勇一听说有仗打，当即表示服从命令，就任赴朝。

九兵团机关干部听到陶勇就任副司令的消息后，喜笑颜开。他们深知陶勇是位胸怀韬略、智勇双全、雷厉风行的战将，他们深信由陶勇协助宋时轮，九兵团到朝鲜一定能完成抗美援朝的光荣任务。

10月20日，九兵团第二十军、第二十六军、第二十七军，登上北上的列车，到达山东曲阜附近地区待机。10月30日，朱德总司令到曲阜，向九兵团团级以上干部作了出国作战动员报告。会场设在曲阜孔林孔子墓的一个天井里。当朱总司令在宋时轮的陪同下来到会场，走上主席台时，陶勇精神抖擞地向他行了个军礼，朱总司令紧握他的手说：“嗬，我们这个虎将到了朝鲜，美帝国主义这只纸老虎也要怕你三分！”陶勇见到日夜思念的总司令，自然是十分崇敬，现在听到总司令的赞誉，不由得脸红了，他恭敬地请总司令作指示。朱总司令说：“我们又要打仗了，这次不同以往的，是到国外去打仗，是在朝鲜同美帝国主义较量。”他继续充满信心地说，“二十军、二十六军、二十七军是第三野战军的主力，在华东战场打过许多硬仗、漂亮仗。宋时轮司令员上过黄埔军校，红军时期是三十军军长，骁勇善战，有勇有谋；陶勇副司令员是新四军的一员虎将，是陈毅开辟苏北根据地的一把斧头。我相信九兵团在宋、陶二位指挥下，一定会打出九兵团的雄风来的。”

朱总司令临别时，将自己的望远镜递给了陶勇，殷切地希望陶勇收下这个礼物，还说这样物尽其用，提高利用率，多打胜仗。陶勇眼眶湿润了，恭恭敬敬地从朱总司令手中接过望远镜，向朱总司令敬了个军礼。

二

11月初，九兵团在宋、陶的率领下，从曲阜出发，日夜兼程，从临江、辑安（今集安县）跨过鸭绿江，11月19日到达朝鲜境内江界地区。当陶勇率领部队进入完全陌生的朝鲜境内时，已是漫天风雪，沿途城镇、村庄弹痕累累，

满地残垣。有的村庄完全荒废，偶尔碰见的几个妇女儿童，也多是缺腿少臂。看到战争给朝鲜人民带来的悲惨遭遇，陶勇万分悲愤。兵团部刚到江界宿营，陶勇就立即向兵团政治部交代任务，要求各级政府部门，利用沿途看到的美军野蛮暴行，对部队进行教育，坚定广大指战员抗美援朝、保家卫国的决心。

志愿军总部命令九兵团在东线战场参加第二次战役。

第一次战役结束后，敌方即迅速集中其全部侵朝兵力，发动所谓总攻势，企图将中国人民志愿军赶至鸭绿江以北。当时敌方主力集中于西线，以美军第八集团军向朔州、碧潼方向进攻。东线以美军第十军指挥美陆战第一师、步兵第七师、第三师迂回江界，以南朝鲜军的首都师、第三师向中朝边界推进。敌人气焰极其嚣张，进攻速度很快。11 月 24 日，东线之敌已进至长津湖地区的新兴里、下碣隅里、柳潭里、社仓里一带。第七师第十七团已到鸭绿江边的惠山镇。11 月 25 日，宋时轮、陶勇接到志愿军司令部关于东线反击的命令，立即召开军以上干部参加的作战会议，研究作战部署。初入朝鲜的九兵团，尽管在国内做了充分准备，但各方面还是碰到许多困难，主持会议的宋时轮传达上级意图，介绍敌情之后，陶勇很快便拿出了具体作战方案，他根据敌我情况、长津湖的地形，提出采取分割围歼的战术，以二十军、二十七军为第一梯队，二十六军为第二梯队。第一梯队两个军，相互协同，先割裂敌军，再从侧后打击，趁敌军混乱被动之机各个包围歼灭。当时东线战区普降大雪，气温降到零下三十多摄氏度，而大多数部队官兵还身着单衣，头戴大盖帽，脚穿胶鞋，再加上东线地形山高路险，人迹罕至，行军困难重重。陶勇在会上还要求各级指挥员要深入第一线，了解部队实情，做好政治思想工作，鼓励部队战胜严寒，克服一切困难，不畏一切风险，不惜一切代价，勇猛进攻，分割围歼敌人。

作战部署确定后，陶勇感到兵团指挥部在江界距离第一线较远，为实现分割围歼敌人的计划，他向宋时轮提出，到第一线去指挥二十军、二十七军作战。宋时轮知道陶勇有胃病，入朝以后，天天是一把炒面一把雪，有时连续几个小时行军，连炒面都顾不上吃。他的胃病经常发作，有时痛得直冒汗，甚至捂着肚子坚持工作。此次开会部署作战方案时，宋时轮本打算让陶勇留在兵团部，自己到第一线指挥。现在没等他开口，陶勇却要求去第一线。宋时轮笑着说：“不用争了，你身体不好，还是我走吧！”陶勇一听可急坏了，他力争说：“下象棋时，没有主帅跑出田格子，也没有主帅过河的。”于是，不由分说，带上参谋人员就上路了。

陶勇赶到前线，将指挥所设在山脚的一间小屋内。他打开地图看了不到十分钟，五架敌机就飞到了头顶轮番轰炸，屋顶上碎土瓦片直往下倾泻，陶勇的头上、脖子里、身上全是泥土，参谋处处长金冶要他赶快出去，到山谷里避一避。陶勇不肯，并风趣地说：“你们放心，我这人虽然命苦，却生就一副铁骨头，天生不怕枪炮子弹，砖头瓦片就更不在话下，再说我的革命任务没完成，马克思哪会要我去呢！”说罢他就摇通了电话，与二十七军彭德清军长通了话。据彭军长报告，原来侦察到长津湖地区只有美军陆战第一师，而美军第七师在惠山方向。但机械化程度很高的第七师一夜之间就从惠山镇移师长津湖，向第一师靠拢了，增强长津湖方向的作战力量。情况发生了变化，陶勇当即下定决心，并告诉彭德清，要抓住敌人兵力分散、尚未发现我军集结的有利时机，先打立足未稳的第七师，采取包围后数路穿插的战术，吃掉它。接着陶勇又电话命令二十军围歼美陆军第一师。他要求两支部队协同配合好，首先将第一师和第七师割裂开来，然后逐点围歼。

11月27日黄昏，第九兵团按照预定部署发动反击，并迅速完成了对长津湖地区敌军的分割包围。二十军各师切断美陆战第一师各部的联系后，重点向长津水库东侧攻击。二十七军则向长津水库西侧攻击。经过连续三天作战，志愿军九兵团分割包围，敌军反分割包围，但在强大攻势下，美军第七师除三十一团、三十二团少数逃窜外全部被歼。美军陆战第一师五个完整营被歼。美军陆战第一师在第二次世界大战中，曾以能征善战而著名，号称常胜军。在长津湖战役受到如此惨重打击，这在陆战第一师的建军史上是首次。

12月1日，陆战第一师和第七师，纷纷丢弃重型装备，狼狈地向咸兴逃窜。陶勇便指挥部队沿社仓里、剑山岭追击。部队忍饥挨饿坚持作战，陶勇拄着木棍，同战士一起翻山越岭，滚雪坡，滑冰道，忍着饥饿，指挥部队追击。美军陆战第一师、第七师均是机械化装备，突围途中，上有飞机掩护，下有坦克开路。美军以坦克为先导，装甲车殿后，开始突围，志愿军对坦克这个庞然大物毫无办法。有的部队硬打硬拼，造成不少伤亡。陶勇立即召集师以上干部研究对策。他指出，对付坦克不能硬打硬拼，要智取，可以采取破路、小分队袭击和大部队突击相结合的战术。他还提到，在解放战争时期，鲁南战役歼灭敌军快速纵队用的就是破路这种土洋结合的方法获胜的。会后，各师贯彻陶勇指示，在交通要道上破路、埋设地雷，牵制敌军坦克、装甲车的行动。17日，九兵团追到咸兴，敌人又逃至兴南，同汇集在此的其他敌军，准备在第七舰队掩护下从海上撤退。陶勇立即指挥部队向兴南追击。陆战第一师在兴南以北设置大量火炮、坦克阻击。陶勇便集中炮兵火力扫清障碍，并利用大雾，以朝鲜人民军为先导，二十军向陆战第一师薄弱点西侧进攻。大雾过后又降大雪，此时陶勇命令部队把棉衣翻过来穿，这样在雪地里行进，有利于隐蔽。

兴南是朝鲜一座较大的工业城市，又是重要的海港。麦克阿瑟要部队坚持十天，以便把集结在此的十余万部队和兴南的机器设备、技术人员一起撤走。因此，担任防御任务的美军第十军，充分依靠海岸附近的有利地形，特别在河流的要道上建筑桥头堡，用舰炮、坦克、大炮组成层层交叉火力网，来封锁志愿军，九兵团伤亡惨重。陶勇冒着枪林弹雨在兴南实地观察，逐渐摸清了敌人的活动规律，他先制止了部队的贸然冲击，命令部队利用地形，以夜战、近身战歼敌。24日，九兵团胜利占领兴南，第二次战役以胜利结束。

第二次战役结束后，九兵团在咸兴一带休整。休整期间，陶勇除协助宋时轮组织部队认真总结经验外，还积极进行山地运动战和山地游击战训练。

九兵团经过一段时间的休整，士气高昂，粮弹充足，满怀信心地投入第五次战役作战。

陶勇在第五次战役中，协助宋时轮指挥左翼集团的二十军、二十六军、二十七军、三十九军和四十军以及炮兵一师、二师、七师各一部，担负起“三八线”以北金化、华川一带反击和出击任务。1951年4月21日15时，宋时轮收到志愿军司令部下达的作战命令后，要求陶勇立即拟定作战方案。陶勇立即同参谋长覃健、参谋处处长金冶，在不到一小时的时间，就拿出了作战方案。宋时轮赞扬陶勇指挥打仗有两下子，制定作战方案善于从敌人的弱点开刀，利用敌人的弱点，给敌人以致命打击。第五次战役第一阶段作战于4月22日晚打响，志愿军攻势凌厉，至24日早晨，已突入敌人防御纵深三十余公里，前伸到加平以北沐洞里地区，并在途中歼灭美军第二十四师、南朝鲜军第六师各一部，完成了打开战役缺口的任务，将敌军分成东西两块，为第二阶段作战创造了有利条件。

5月6日，志愿军司令部下达第五次战役第二阶段作战任务，这次宋时轮、陶勇除指挥二十军、二十六军、二十七军外，还指挥第三兵团的第十二军，以及朝鲜人民军的金集团，以打击南朝鲜军为作战目标。任务要求首先集中力量歼灭县里的南朝鲜军第三、第七、第五、第九师，而后歼灭南朝鲜军首都师和第十一师。5月21日，第二阶段作战也以胜利结束，鉴于部队消耗较大，为争取主动，志愿军司令部决定暂时休整，总结经验，以利再战。第九兵团主力受命转移到华川、金化以东地区休整。兵团领导开会讨论转移方案时，陶勇提出留二十军的五十八师在华川地区，摆出大部队作战态势掩护主力转移的方案，大家一致同意。“联合国军”总司令李奇微企图乘志愿军转移之际，集中兵力，以摩托化步兵、坦克、炮兵组成“特遣队”，在大量航空兵的支援，以及部分伞兵的配合下，对志愿军后撤部队实施猛烈打击。陶勇见美军抄后尾，连续打了四次电话给二十军五十八师师长黄朝天，要他把美军挡在华川地区，不得向北移动一步。在最后一次通话中，他得知五十八师炮兵少，希望增加炮兵，果断地决定调一个炮兵团归黄朝天指挥。五十八师充分利用工事和有利地形，在华川地区连续阻击了七天七夜，尽管这一带方圆十五公里的树林、房屋被美军空军毁坏殆尽，但美军仍然被阻挡住了。

由于敌机猖獗，部队向北转移阻力很大。志愿军异国作战，全靠自己保障粮弹补给，部队走到哪，后勤运输车就跟到哪，运输车一旦被炸，粮弹补充就会陷入困境。行军途中如何防空，是个亟待解决的问题。一天黄昏，陶勇乘坐吉普车赶路，刚到山脚下突然遭到五架敌机扫射，陶勇急忙拉着参谋处处长金冶跳到车外。站在离车不远的山坡上，陶勇抬头望着那喷着火光的飞机，思索着。不一会儿，他突然高兴地说：“有了，有了，在苏北根据地反‘扫荡’、反‘清乡’时，对付鬼子我们用的一个办法是分段建立消息树报警。在朝鲜对付敌机，我们也可以在交通干线上，分段设置防空哨，发现敌机就鸣枪报警。”陶勇的这一办法果然不错，试行了三天，提高了行车安全率，减少了损失，驾驶员纷纷反映增加了夜间行车的安全感。三天后，兵团全面推广这个经验。志愿军总部也很快推广了九兵团的报警方法，大大减少了车辆损失。

第五次战役结束后，毛主席给彭德怀司令员发来电报，指示对美军作战的口不能张得太大，必须采取“零敲牛皮糖”的办法，多打小歼灭仗，积小胜为大胜。后来，毛主席根据朝鲜形势提出了“持久作战、积极防御”的战略方针。志愿军总部为贯彻落实毛主席指示，提出在东西海岸构筑纵深防御工事的意见。九兵团从1951年9月起，在元山地区构筑防御工事，准备随时粉碎敌人的登陆企图。元山，位于朝鲜中部，是重要港口，也是登陆兵上陆的良港，具有重要的战略地位。陶勇在军以上干部会议中，要求部队尽一切力量增强海岸及纵深坚固防御工事，广泛开展“以阵地为家”和“人在阵地在”的思想宣传教育。为了把阵地建成“战士之家”，陶勇亲自带领干部、战士挖坑道。他对坑道的质量和分布把关特别严，不光要求能防敌人的飞机大炮，还要便于防守和出击。为了指挥部队多快好省地挖坑道，除开会外，他几乎绝大部分时间都在前沿阵地，不是同战士们一起挖坑道，就是到各师检查坑道质量。当时，敌方经常派特务到我方刺探军情和搞暗杀活动，战士失踪和干部被杀事件时有发生，大家都担心陶勇的安全。有师长向陶勇保证按质按量完成挖坑道任务，请他不要冒险来检查了。陶勇却严肃地指出：“你向我保证，是你师长的职责，我来检查是我的职责，我们是各行其责，不能互相替代，否则就是失职。”

陶勇检查工作不仅是听汇报，还得亲临实地检查，发现不妥之处，及时提出意见。二十七军的七十九师在元山附近坚守防御，有一次，陶勇来到七十九师的某团二营检查工作，在坑道掩蔽部里，仔细地用随身带的一米长的树枝测量着覆土，敲打着支柱的顶盖原木，检查它的坚固程度和稳定性，又检查了战士的地铺，发现是蓬松的铺草，他表示满意地说：“铺草不错，既防潮湿又保暖。”在检查交通壕时，陶勇又叫王吉伦营长将重机枪架在上面试试。王营长告诉他，重机枪应该放在射击阵地里。于是他交代王营长要把交通壕的射击孔挖大一点，应该适合放各种步兵武器才行。检查完交通壕，他又敏捷地爬到交通壕上方，用手拍拍壕顶，说：“王营长，你这个核心阵地基本构成了，但要小修小补。另外，在阵地前方有没有设施？”问罢，又用手指着松峰德山向元山方向伸展的几个山腰说：“你们如果在那几个山腰上构筑简易工事，作为前沿触角阵地，可以便于侦察敌情，提早发现敌情，我军可以火力阻滞、杀伤、消耗敌人，使敌人在进攻前的航空兵和炮兵火力结束前，失去步兵的有力配合，这样主阵地就能抓紧这个间隙做好战斗准备，为出击与反冲击创造有利条件。”随同检查工作的彭德清军长也表示：“设置前沿触角阵地这个办法好。在金城坚守防御战中，我军采取这个办法，做到了最

朝鲜战争第二次战役打响

朝鲜战场上的防御工事

大限度地保存自己和最大限度地消灭敌人。我军在元山坚守海岸防御，是抗登陆作战，敌人可能是三军协同进攻，夺取滩头阵地，巩固登陆场，继续向海岸纵深进攻。我们的触角前沿阵地应是多层次的防御，才能保证有效地抗击敌人登陆。”十天后，陶勇又来到二营时，见他们已建立起了前沿触角阵地，非常满意地称赞了王营长，表示对这一带工事放心了。

陶勇在朝鲜指挥作战，深感志愿军在异国他乡作战，如果没有朝鲜人民的支持是寸步难行的。因此，他利用各种机会教育部队要执行毛主席关于“爱护朝鲜的一山一水”的指示，要严格遵守群众纪律，并交代政治部成立纪律检查小组。陶勇要求部队做到的，自己首先做到，做好表率。他认为必须自己过得硬，说话才会有力量。在金城追击战中，他和部队一起冲杀，战斗胜利后，保健医生王丰文见他三天没进一粒米，瘦了十几斤，眼窝都陷进去了。此时正巧一位老乡送来一头小牛慰劳部队，王丰文高兴地报告陶勇，要求杀这头小牛，给陶勇和兵团机关改善一下伙食。谁知他却严肃地批评了王丰文，不花钱的东西不能沾，谁杀这头小牛就撤谁的职。王丰文立即将小牛归还给主人。有一次陶勇到二十军检查坑道和装备管理，途中发现有的战士上山砍树，把长有栗子的树砍下来，非常心痛。他立即告诉大家，老百姓生活很困难，这些栗子可以帮助群众增加收入，渡过难关。于是，他和战士们把掉在地上的栗子捡起来，送给附近的群众，并告诫部队以后注意不要再砍栗子树。

1952年10月，陶勇凯旋，奉命调任华东海军司令。回国前，陶勇受到金日成首相的接见，金首相亲自向陶勇颁发了两枚朝鲜民主主义人民共和国自由独立勋章。

陶勇在朝鲜战场协助宋时轮指挥九兵团英勇作战，取得了巨大成果。战后，宋时轮回忆说：“九兵团在朝鲜之所以能做出一定的成绩，原因多种多样，其中之一就是我和陶勇合作得很好，他是我的得力助手，是一个指挥经验丰富的虎将。”

（本文由北京新四军研究会供稿）

抗联英雄孟泾清

文 / 梁怀峰　韩　涛

在牡丹江市铁岭河南山的烈士陵园，青松翠柏间长眠着一位在抗日民族解放斗争中英勇献身的优秀军事将领和政治工作者，他就是东北抗日救国游击军（抗联四军前身）的主要创建者之一、中共吉东特委组织部部长孟泾清烈士。

建立吉林抗日救国党支部

孟泾清于1905年出生在山东省，1931年在哈尔滨工业大学读书期间加入中国共产党。

1932年1月，共产党人李延禄在王德林救国军任参谋长兼补充团团长后不久，孟泾清受党组织委派来到了救国军。李延禄在补充团团部接待了这名来自哈工大的学生。李延禄上下打量了眼前中等身高，脸庞英俊，眼睛炯亮，鼻挺口方，眉宇间蕴藏着坚毅成熟的孟泾清，第一次见面，孟泾清就在李延禄心目中留下了深刻的印象。李延禄和他亲切地握了握手。两人互相介绍了自己的情况之后，孟泾清首先向李延禄传达了党组织的有关要求，李延禄也向孟泾清介绍了救国军的简要情况，并爽快地说只要是有什么不明白的地方都可以随时来找他。两个人后来成了亲密的战友。不久，孟泾清被任命为救国军参议长。按照党组织的要求，孟泾清在救国军中建立了中共秘密党支部，他任党支部书记。孟泾清从来到救国军的第一天起，就时刻注意自己的一言一行，工作训练中他争做表率，冲锋在前；生活中他关心爱护下属。在训练间隙还将自己创作的抗日歌曲教给战士们，通过歌曲的传唱点燃了战士们的爱国热情。孟泾清很快就和救国军的战士们打成一片，战士们都很尊重这位非常具有亲和力的参议长。作

抗联第四军军长李延禄

为秘密党支部书记他在第一次党支部会议上曾讲道:“想很快就把日本侵略者赶出去的急躁情绪是要不得的,抗日游击战争是长期的,艰苦的。”作为一名党的政治工作者,他非常注重在救国军士兵中发现和培养人才,发展党员,如左征、朴根重、史忠恒、李凤山、杨太和等人,先后加入共产党,成为补充团的骨干,为日后党创建的抗日武装的发展发挥了不可估量的作用。

策划镜泊湖连环战

1932年2月,李延禄指挥的救国军部队连续攻克了敦化、额穆、蛟河三县城。已侵占辽宁和吉林中西部的日军十分惊慌,急调日军与伪军“围剿”救国军。一时大军压境,救国军高层领导意见出现分歧,副总指挥孔宪荣等主张逃跑,以孟泾清、李延禄为代表的共产党人却坚决要求抗日。孟泾清与李延禄召集共产党员开会商讨,会上,孟泾清坚定地说:“就是他们把部队都拉到山上去,我们也要带领补充团七百人抗日!”他们向补充团的战士们揭露日军灭亡中国,奴役四万万同胞的野心和九一八事变以来的罪行,讲抗日救国的道理,激励战士们英勇杀敌。他们的抗日决心鼓舞了战士们的斗志。

为了统一意见,王德林在棺材脸子村召集高级军事会议。李延禄与孟泾清力排众议,坚决主张抗日,并提出搞奇袭打伏击,讲了此战必胜的有利条件,王德林终于下了决心。他说:“你们年轻人决心这样大,我一个五十四岁的人啦,不能成功,还能成仁哩!”大家也都同意了孟泾清和李延禄在镜泊湖山区伏击日军的意见。李延禄与孟泾清经过实地考察,选择了牡丹江流入镜泊湖的大河口北侧“墙缝”一带高地,作为打伏击战的阵地。王德林支持他们的作战计划,让李延禄带领补充团前往“墙缝”设伏,并送去了所有库存的手榴弹。3月13日的下半夜,日军来到“墙缝”山下,李延禄一声枪响,七百勇士一跃而起,手榴弹密如雨落,在日军队伍中炸开了花,日军死伤一片。战斗进行了数小时,补充团勇士们打退日军十几次进攻,大河口北侧到处是敌兵尸体和伤员。战役结束后,救国军缴获了两千支好枪和一千五百支被损坏的枪支,这是日军在牡丹江大河口遭受的九一八事变以来最大的伤亡。

建立北满第一个兵工厂

镜泊湖连环战胜利结束后,部队北上。孟泾清向党员们传达了吉东局党委的会议精神和对李延禄的个人指示:要秘密发展党领导的抗日武装。要创建自己的部队,武器是不可缺少的,补充团用大河口缴获的枪支武装起来,而矿工营千余战士却一直是手无寸铁。为此,他们用救国军军械处废弃的老步枪,先武装了宁安工农义勇队。

孟泾清原是哈尔滨工业大学学生,学的是机械制造专业,当他看到救国军的装备落后,就曾想运用自己所学习的专业,建一所兵工厂,把救国军军械处废弃不要的武器和装备修好。在大河口得到的一千五百支残损枪支,又一次使他想到此事。这时候,他想起在宁安大磨面粉厂看到的一些机械装备,于是就想到用这些机械建兵工厂。当时,救国军总部已移到东宁三岔口,孟泾清向王德林提出把这些机械运到东宁去改建兵

1935 年 8 月东北抗日同盟军第四军在方正县召开成立地方人民自卫队大会

工厂的计划，王德林批准了这一计划，机械很快运到三岔口。孟泾清亲自动手，教士兵们拆修、组装，不多久兵工厂就在三岔口建成了。在地下党员铁路工人张林的帮助下，镜泊湖大河口之战中缴获的一千五百支残损步枪，顺利运到三岔口。孟泾清领着士兵们夜以继日地工作，边学边修，最终全部修复。就是用这第一批修复好的步枪，武装了从延吉老头沟入伍的第二批约两千名煤矿工人，后来他们组建为补充团二团——抗联第四军的骨干。而当时参加运机械、运枪支、改建兵工厂的铁路工人张林，中华人民共和国成立后担任了哈尔滨铁路局副局长、党委副书记。

参与指挥磨刀石阻击战

1932 年 12 月 28 日，部队到达磨刀石火车站后立即召开党支部会议，由政委孟泾清报告当前部队所处的局势，号召所有在党指挥下的部队，一定要打好这一仗。孟泾清要求每名党员在精神上必须有充分准备，坚决响应党的号召，把领导抗日的革命任务担当起来，并指示当前部队要打好磨刀石车站这一仗。1933 年 1 月 1 日，补充团一团、二团在磨刀石前沿和日军交战，日军在飞机、装甲车、重炮掩护下，向补充团阵地轮番进攻，李延禄指挥各部，凭借磨刀石的天险，连续挫败敌军四次大规模进攻，敌人死伤一百多人，补充团损伤较少。不料，傍晚时，日军从后面迂回包抄过来，补充团被迫突围。

建立我党领导的东北第一支抗日武装

1933 年 1 月，国民救国军李延禄、孟泾清根据中央“一·二六指示信”的精神，率抗日游击总队二、三团到达宁安西南的和尚屯（今沙兰镇和盛村），联络王毓峰的步兵营和冯守臣的骑兵营，经宁安县委批准，扩建为东北抗日救国游击军。不久，在宁安南部的孟寡妇屯召开成立大会，李延禄为司令、孟泾清任政委、张建东为参谋长。编成三个团、两个独立营和一个游击支队。

1933年3月3日，李延禄、孟泾清带领部队开赴东满汪清县活动。3月中旬，部队到达汪清县嘎呀河区的马家大屯，受到东满抗日根据地人民群众的热烈欢迎。根据地人民的抗日热情，使抗日游击军的官兵们深受鼓舞。3月下旬，日军抽调延吉、和龙、珲春、汪清四县的兵力，对根据地进行大规模“清剿”。李延禄、孟泾清制定了由抗日救国军、别动队和金日成率领的汪清游击队联合作战的方案。3月30日拂晓，守卫在四个山口的部队相继和敌人开火，激战数日，毙伤敌人二百余名。傍晚，日军停止进攻，半夜里悄悄撤走。马家大屯保卫战首战告捷，缴获长短枪二百五十余支，迫击炮四门，子弹、军需物品一批。

1933年4月3日，中共吉东局召开党、政、军干部联席会议，书记童长荣传达中共中央“一•二六指示信”精神，并决定留孟泾清在吉东局工作。

1934年6月，根据东满特委的指示，绥宁反日同盟军党委会决定留小部分队伍在宁安坚持游击活动，孟泾清为留守部队主任，策划刁翎—林口连环战。

1934年9月，李延禄联合赵尚志率领的三军等武装准备攻打南刁翎敌伪据点。10日，就在李延禄、赵尚志研究攻城部署时，孟泾清来了。此时他已经调任中共刁翎区委书记。孟泾清带来了重要情报，他告诉李延禄说：“已经得到情报，日本人马上就要进行大规模的‘讨伐’。”并说，“驻在南刁翎的伪警备营的段营长，最近流露出对日伪的不满情绪，在战斗打响之后是有可能被争取过来的。另外，在林口驻有一个支队的日本骑兵，如果南刁翎这面一打响，林口的敌人就可能出动。”他提议再打一个连环战，拿下南刁翎之后，趁林口敌人不备，再袭林口，把敌人的注意力向东方引。第四军的战士们看到孟泾清非常高兴，纷纷表示要打几个胜仗欢迎老政委。孟泾清也非常高兴，他和李、赵两位名将反复研究战斗方案，力求稳操胜券。

攻打南刁翎的战斗是在9月16日发起的。战斗打响后，第三军和第四军的部队很快就在东西两路得手了，战士们举着红旗登上了围墙。但就在这个时候，联军驻扎在镇外的营房突然中炮起火，并很快燃烧起来，火越烧越大。驻扎在南山顶上的谢文东一见这场面，认为联军此次攻击失败，形势不利，便带着自己的部队撤走了。但是，经过一场紧张激烈的战斗，联军胜利地占领了南刁翎。缴获伪警备营一百多支枪，迫使伪保安队一百多人反正，连伪警备营段营长也带着部队投降了。接着，李延禄和孟泾清率部队奔袭林口。林口日伪军遭到突然袭击，被打得晕头转向，逃出城外。忙着搬运战利品的战士们向孟泾清和李延禄欢呼。赵尚志也紧握着孟泾清的手说：“老孟，你真是位好政委！”

在牡丹江壮烈殉国

1935年2月，吉东特委在牡丹江成立，吴平任书记，李福德任组织部部长，孟泾清任宣传部部长。

1935年10月，杨松（时名吴平）已奉命回苏联，由李范五代任吉东特委书记，孟泾清任吉东特委组织部部长，领导延吉、宁安和松花江以东各县的抗日斗争。为了便于开展地下工作，时任组织部部长的孟泾清在东长安街惠春厚

药店对面开了一家杂货店（现秋林公司道南建设银行位置），门口摆一个鲜货摊子，雇一个姓马的小山东当伙计，这个杂货店就是吉东特委组织部。

1936年2月3日下午，一个头戴呢礼帽、手拎文明棍的人来到杂货铺打听人。听到问话，孟泾清从里屋出来，惊喜地认出来人是四军政治部主任罗英（罗英原是密山游击队改编的四军二团的政委。原四军政治部主任何忠国牺牲后，李延禄一时找不到合适的人选接替这一职务，出于团结二团的愿望，就让罗英临时代理。这个月，罗英代表四军党委去牡丹江，向吉东特委汇报工作）。孟泾清一看是四军来的政治部主任，感到格外的亲切，互相握了握手，孟泾清又向罗英的身上拍了一下，就赶紧把他请进低矮的杂货铺后屋，让罗英坐上了热乎的火炕暖和着，自己去炒菜。罗英说已找旅馆住下了。饭后，孟泾清安排李范五和罗英到海浪大桥附近的交通站张常德家见面，谈四军和五军配合作战等事情。谈话后，罗英要求调回地方工作，李范五没答应，让他次日返回部队。

但罗英没走，闲逛到永春里跟前的戏园子（今市政街文化大厦北侧）。天色已晚，他买票进门，碰巧遇到原第四军小白龙苏衍仁三团的机枪手玄世贵。他不知道玄世贵在小白龙遭杀害后投降了日军，是个叛徒。看完戏后，玄世贵跟踪罗英一直到旅馆，晚间带日本宪兵把罗英抓走了。

罗英在宪兵队酷刑前屈服招供。宪兵队队长田中马上带他去抓张常德。两天后，张常德也叛变了，又带路来抓孟泾清。孟泾清正在杂货铺后屋写字，张常德进来看一眼就出去了。小山东跟出去一看，外面墙垛子后面藏着一圈人，赶紧回屋告诉孟泾清。孟泾清大吃一惊，让小山东从后门溜出去报告李范五。李范五听完脸色铁青，伸手从衣兜里拿出五块钱，放在小山东手里，说："革命忘不了你，你快走吧。"宪兵抓罗英时，王克仁也住在旅馆同一房间，虽然他俩没说话，但王克仁认识他。出事后，王克仁找到时任党支部书记的田仲樵（人称张大姐），他告诉田仲樵："罗英被捕了，你去组织部看一下。"

田仲樵来到杂货铺已是晚上9时了，见门口堵着很多持斗摩托车。孟泾清刚到屋里烧完文件就被敌人逮捕了，他被宪兵打得满脸是血，然后被五花大绑地塞进摩托挎斗里。宪兵抓住田仲樵，问她是干什么的。田仲樵说家有伤寒病人，来买鲜货。宪兵对她一顿拳打脚踢，因为没找到破绽，就把她放了。她掉头奔向李范五家，到那儿已经是后半夜了。

李家用洋铁桶烧火，满屋子都是烟。李范五让她马上回上马莲河，把住在邸家交通站、从密山跑出来的十九岁的姑娘王玉环送上队伍。"我走。你通知各部队、各县委书记。再找歪脖子，让他告诉周保中，特委撤了。"李范五说。

当夜，李范五两口子离开家躲了起来。次日夜里溜到城外，在一个小站上了车，跑到密山，几经辗转到了海参崴。原吉东特委书记吴平闻讯从莫斯科赶到海参崴听汇报，决定任命宋一夫为临时特委书记，李范五到莫斯科上学。

宪兵队抓住孟泾清，轰动了牡丹江日伪机关。抓住了共产党的一个大领导，牡丹江的日军头目十分高兴，下令连夜突击审讯。据说宪兵队队长很想收买孟泾清，开出几个十分优厚的诱降条件，只要他说出吉东地下党名单，哪怕是一个人，就放了他；或者只要填写归顺书，表示不再做反日活动，即可以当大官，住小楼，娶漂亮媳妇，过美满优裕的生活。这些均遭到孟泾清的断然拒绝。

日本宪兵队给孟泾清上酷刑。尽管他在血流满地的地下室里（今铁路医院住院部道南住宿楼）遭受残酷的折磨，几次昏死过去，但是醒来依然一字不吐。宪兵队队长见孟泾清奄奄一息，决定将他喂狼狗。

军车把他拉到北山后面八达屯外的狼狗圈，这是山坡下的一个砖墙大院，三米多高，墙上有铁丝网，院里另有铁丝网狗圈，养着八十多条狗。临扔狗圈里之前，宪兵队队长最后问一句："你说，就活；不说，就让狗吃了你！说不说？"

"不说！"孟泾清大吼。

孟泾清被警察们举起抛进狗圈里。狼狗蜂拥而上……宪兵队队长看到孟泾清已被狼狗咬成了碎块，叹息着摇了摇头，上车回去了。

孟泾清为了民族解放，抗日救国，英勇牺牲了。他虽然牺牲了，但是他的革命精神却永远铭刻在党史上。他面对敌人那种不屈的革命斗志永远被人们传颂。历史不会忘记！牡丹江人民更不会忘记！不管时间如何流逝，我们牡丹江人民不会忘记这位曾经在牡丹江大地上叱咤风云的抗日英雄——孟泾清。

（本文由牡丹江市博物馆和烈士纪念馆供稿）

牡丹江革命烈士纪念碑

刀劈日军显威风

——记冀东民族英雄节振国

文/金　辉

民族英雄节振国

1910年10月9日，节振国出生于山东省武城县刘堂村（今属河北省故城县）。那里是义和团的发源地之一。节振国从小就耳濡目染父辈们除清灭洋、扶弱抗暴的义和团精神。他十岁那年，随全家闯关东。在旅顺，听到不少关于日军在甲午战争时血腥屠城的罪行，仇恨的种子深深植入他的心底。几经辗转，一家人来到冀东开滦赵各庄矿落了户，他不到二十岁就成了井下工人。矿上为防工人往家带煤，下班出矿都要搜身，节振国偏偏用手托着一块亮闪闪的煤块，大摇大摆走出矿门，然后顺手搁在随便一家工人的锅灶边。他武功精，武德好，在工人中威信高，矿警一般不敢惹他。

当时，开滦煤矿是全国最大的煤矿，自从八国联军侵华后，就一直被英国资本家霸占着。九一八事变后，日本人向关内“蚕食”，拼凑起“冀东防共自治政府”，矿区周围又逐渐飘起日本旗。英国人的剥削和日伪政权的奴役，使开滦工人备感亡国奴之苦。

开滦共有唐山、林西、赵各庄、唐家庄、马家沟五个煤矿。1938年3月22日，节振国在赵各庄矿率先举行大罢工。林西矿和马家沟矿工人起而响应。唐家庄矿却组织起几百人的反动护矿队，不准工人罢工。节振国带领赵各庄矿和林西矿的工人，三打唐家庄，和唐家庄矿工人里应外合，用斧子、镐把打垮了弹压工人的矿警护矿队。

在中共唐山工委书记周文彬的直接领导下，大罢工持续到4月中旬。一天晚上，节振国把工人纠察队拉到东煤场四周布置妥当，数千工人和家属一拥而上，开始抢煤。矿警队赶来镇压，见纠察队严阵以待，未敢造次，朝天放了几枪后回去交差。大罢工一直坚持到5月4日，迫使英国资本家接受了工人的全部条件。

开滦大罢工沉重打击了英国资本家，也直接影响了日本侵略军在华北的军事行动。罢工结束的第二天，日本人撕下“中立”的伪装，与英矿当局联手对工人领袖进行逮捕和屠杀。

5月6日早晨，一伙日本宪兵带着翻译和伪矿警，包围了离工人俱乐部不远处节振国的家。节振国正在外边，有人告诉他：“鬼子宪兵抓你，把你哥捆上了！”节振国听说这话，拔腿就往家跑。

大门口已经让拿枪的日本宪兵和伪警挡上了。节振国把礼帽一摘，大步穿过院子进屋了。

家里被捣弄得乱七八糟。哥哥被绑着，斜倚在墙上。妻子刘玉兰的嘴角上挂着血迹。孩子吓得缩在炕角。节振国想和日本人拼命，怕连累亲人，就大声说：“住手！我是节振国，要绑就绑我吧！”

屋里的敌人一愣。他们看到一个个儿不高、挺结实的年轻人，敞着怀，拧眉立目，紧握着两只拳头伸给他们。那个叫高野的矮瘦的日本军官将战刀抽出一段，上下打量英气逼人的节振国，嘴里叽里咕噜一阵，旁边的两个日本兵上来就要用绳子捆节振国。

“振国！”节振德身子一挺站起来，“没想到你这么孬种！”节振德虽在矿上是个工头，但他毕竟是个中国人。

听大哥这么一叫，节振国再也忍不

1922年3月22日开滦煤矿工人大罢工爆发

节振国烈士雕像

住了。只见他一个“马步分掌”，将两边的两个日本兵击倒，又往前一纵，夺过高野的战刀。高野慌乱中双手握住刀刃同节振国抢夺；节振国抖腕一抹，高野的手掌立时血流如注。这个日本军官还没来得及号叫出声，节振国的战刀已经旋风般向他劈将下来。刀光随着节振国的身影上下左右飞闪，三五个死的伤的日本兵和矿警，躺了一地。剩下的敌人逃出院外。节振国用刀挑断哥哥身上的绳子：“大哥，快跑！”说罢冲出后门，纵身跃上丈把高的院墙。节振德由于被打伤无法翻墙，一跑出院门，就被敌人乱枪打死在门外。节振国刚想去救，却有一枪打在左腿上，他顺势滚下墙头，含恨出走。

1938年6月，八路军第四纵队挺进冀东，开辟抗日根据地。7月间，冀东人民抗日大暴动风起云涌，义旗下聚集起十万武装民众。节振国联络起三十多名矿工弟兄，在滦县韩家哨结盟起事，到榛子镇警察所夺到枪支，拉上队伍，投奔冀东抗日联军。节振国见到李运昌司令员第一句话就是：“我叫节振国，要抗日报仇，你们收不收？”李运昌对这位刀劈日本宪兵的英雄正是求之不得，当即把他的队伍收编为司令部直辖工人特务大队，任命节振国为大队长。7月18日，节振国奉命攻打赵各庄，配合周文彬发动开滦工人抗日暴动。他们夜袭警察所，两克赵各庄，攻占唐家庄，三千多名矿工参加了抗日队伍，节振国的工人特务大队壮大到五百多人。

冀东人民抗日大暴动震动了中华大地。日军急忙调集兵力进行“扫荡”。暴动部队仓促西撤，在潮白河畔受敌堵击，又遭日军几路合击，受到很大损失。节振国带领的工人特务大队经过几场恶战，回到丰润北部。他召集失散人员，找到了一度失掉联系的上级组织。这支产业工人抗日队伍，又活跃在冀东游击战场上。

1939年秋，经中共冀东地委书记周文彬介绍，节振国加入了中国共产党。

一天，公路上出现了两辆大车。第一辆车上坐着一个蒙红布的姑娘，围着一群有说有笑的老乡。看样子像是送新娘的。新城子日军据点的一伙日本兵见车上有“花姑娘”，就跑上前来将大车团团围住。突然，大车上的“新娘”揭开红布，甩开双枪，前边的几个日本兵应声倒地。还没轮上其他人开火，十几个日本兵就“报销”了。“新娘”原来是节振国装扮的。他跳下车，命令队员们炸毁了碉堡，拔除了这个据点。

从1938年秋到1939年冬，节振国在丰润、滦县、唐山和开滦矿区，神出鬼没，几十次出其不意地打击敌人。他们将丰润桥警察所连窝端掉，袭击双鹤岭警备队，伏击上五岭警察队。他带领工人特务大队，既打过同日军血战一整天的下水路恶战，又打过巧设伏击，毙伤敌人十几名的李家沟战斗。他还打过杨家峪歼灭战，与孔庆同带领的队伍一起歼敌三百多人。

节振国在冀东一带很快成了家喻户晓的人物，以至于特务汉奸们打赌吵架时常常这么诅咒彼此：“明天叫你碰上节振国！”

1940年夏天，在延安杨家岭一孔窑洞里，毛泽东听人向他汇报河北人民抗日斗争情况。来人讲到节振国当罢工纠察队长，刀劈日本兵，老百姓叫他“节青天”，日本兵叫他“白脸狼”时，毛泽东从长椅上坐直身子，问这个节振国多大岁数了。当他听说节振国刚三十岁，打仗勇敢，会武术，总是往前冲时，说：“这是个民族英雄式的人物。”沉吟片刻，毛泽东又似乎有所顾虑地说：“要好好地培养他，保护他，不然他会遭不测。”

这年7月，节振国从中共中央北方分局党校学习结业后返回冀东。半年多没捞着仗打，他早就憋坏了。就找到李运昌，软磨硬泡争取到了随十二团一起行动的机会。7月31日，在团长陈群的指挥下，节振国率部夜袭赵各庄弹药库，带着战利品撤至滦县尤各庄休整。8月1日下午2时，哨兵跑来报告，他们被敌人包围了。哨兵说：“鬼子来得多，大队长，咱们先撤吧。”节振国一听就火了：“怕死别来抗日！一见鬼子就跑，不嫌丢脸！”他马上指挥部队就地与敌人展开激战，相持了一阵，陈群率部压了过来，敌人仓皇溃逃。节振国带人迂回，准备断敌后路；突然，被左侧敌人机枪阵地的猛烈火力压住了。冲了几次都没拿下来，眼见自己的战友倒下了二十多人，节振国心如刀绞。

敌人机枪阵地西边是一块高地，还有两棵大树。节振国蹿进高粱地，兜到树后，一排盒子枪，把敌人机枪打哑了。冲进敌人机枪阵地的节振国，早已杀红了眼，抡开双枪挨个点名。不料，一个敌人端枪冲节振国扣动了扳机，一颗子弹贯通了节振国的左胸。

他倒下了，身下是百里煤海，是储藏着火焰的精灵……

（摘自《中国共产党抗日英雄传》）

节振国（照片后排右起第四位光头者）习武合影的老照片

敢爱敢恨，坦然一生

文/江　山　王　忱

张琴秋，1904年11月15日出生，浙江省桐乡县石湾镇人。父亲张殿卿曾当过报社编辑，后回家做起了蛋行、桑秧行生意。张殿卿按照“留得梧桐在，自有凤凰来”，为女儿取名张梧，又因梧桐为造琴之才，梧桐秋雨声溢美，遂取别号琴秋。

张琴秋的表妹钱青曾深情地回忆自己姐姐“生得眉清目秀，面如白玉，同学中有‘小美人’之称。一富家子弟，游手好闲，常到张家，求其父母许婚，遭到琴秋怒斥。琴秋平日温文尔雅，柔顺和悦，但若遇上逼迫婚姻，侵害自己婚姻自由之事，她决不妥协，毫不示弱”。

张琴秋自幼聪颖，读书一点就通。她从小就对劳动人民充满同情，常为那些在自己家或别人家做事的学徒工的命运感到不平。1921年，张琴秋考入浙江省立杭州女子师范学校，受到新文化运动的影响，与同学王华芬一起首倡剪发，带头示范。她对于封建礼教嗤之以鼻，却深深地同情那些封建礼教之下的受害者。她的朋友梁闺放，所就读的学校规矩极为严格，竟不准男女通信。为此张琴秋和表妹钱青甘为梁闺放和梁的男友郑明德每周日鸿雁传书，如此持续了近两年之久。后来张琴秋风趣地对表妹说：“我们年轻时，在封建思想根深蒂固的旧社会，竟然替友人传过情书，大胆！大胆！”

1923年，张琴秋进入上海爱国女校插班学习，不久考入南京美术专科学校。她的闺中密友，沈雁冰（茅盾）的夫人孔德沚就托沈雁冰的弟弟，当时正在南京任教的沈泽民照顾她。南京的冬天很阴冷，生活方式又与过去大相径庭，加之社会很复杂，前途很不确定，张琴秋感到格外孤独、寂寞。她写信给沈泽民，抒发心中所想，沈泽民则时常安慰和照顾她，还给她寄《新青年》和《妇女之声》。张琴秋佩服沈泽民有精妙的文笔和睿智的思想，而沈泽民也喜欢张琴秋的多才多艺、外柔内刚。1924年春，张琴秋毅然前往沈雁冰家，在沈泽民的帮助下，考入以传播新文化运动以及社会主义进步思想为主的上海大学。在瞿秋白、沈氏兄弟、蔡和森、张太雷、恽代英、萧楚女、向警予、田汉等人的影响下，张琴秋进步很快，1924年11月入党，同年冬天，与沈泽民结为夫妻。张琴秋曾说：“泽民同志是我一生中的良师益友。通过他，使我找到了党，救出了我这条温柔的、又好似迷途的羔羊。否则，像我这样的人，至多不过当一名贤妻良母罢了。”

张琴秋

浙江省立杭州女子师范学校读书时的张琴秋

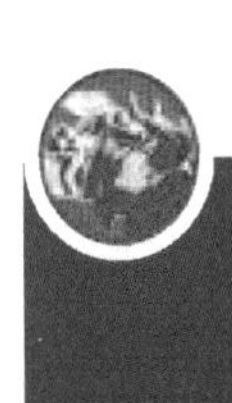

入党后，张琴秋开始学着搞工运工作。上海纺织女工的悲惨境遇，深深地震撼着她，她曾对友人说："她们的苦，是如我们的一天没有黄包车钱的着急的苦所能梦想得到么？疲倦，疲倦，可是我也乐意，这样我的心才安。"在前辈们的帮助下，曾经内向的张琴秋不仅具备了在成千上万人的群众大会上毫不紧张地发言的心理素质，而且还偷着从沪西工友俱乐部的一些习武的工人那里学了一身好武艺。

参加了五卅运动后，张琴秋和沈泽民等百余人被中共派遣到苏联学习。在莫斯科东方劳动者共产主义者劳动大学读书期间，张琴秋刻苦攻读了马列著作和中国历史，还特别注意进行野战训练。

1926 年 5 月，张琴秋生下了她和沈泽民的女儿张玛娅。"玛娅"在俄语中是"五月"的谐音。在张琴秋夫妇离开苏联时，玛娅被送到了莫斯科国际儿童院。

1931 年 3 月中旬，沈泽民和张琴秋被派往鄂豫皖苏区，张琴秋先后担任中共中央鄂豫皖分局彭杨军事政治干部学校政治部主任、河口县委书记、红七十三师政治部主任、红四方面军总政治部主任等职。张琴秋刚刚进入鄂豫皖苏区时，红军指战员都对这个穿着裙子来的洋学生能否当好军校政治部主任有怀疑。可张琴秋第一次出场，就给大家留下了深刻的印象。她身着灰军装，扎着绑腿，英姿飒爽地出现在操场上，以非常标准的军人姿态和响亮的口令指挥大家训练，她还教大家唱《国际歌》，让大家懂得去过"五一国际劳动节"。

1932 年 10 月 5 日，因反"围剿"失败，红四方面军向平汉铁路以西转移。从此张琴秋就与因病留在根据地的丈夫沈泽民永远分离了。1933 年，沈泽民因奎宁中毒牺牲在老君山。

面对鄂豫皖苏区残酷的肃反，加上中央一再发电要求张国焘不要向西退却，张琴秋从先前对张国焘的支持转而变成了困惑乃至怀疑。她代表多名干部，当面质疑张国焘的军事和政治路线，表示应该服从中央命令，不要继续向西，恢复军委会和高级干部会议，让多数人参与决策。张国焘不得不承认自己在军事上"用人不当失街亭"，并表示应该认真地建设新苏区。联想到新的川陕苏区需要开发和建设，张琴秋表示服从领导并放弃怀疑。可是随后，张国焘就先后监禁并杀害了跟随张琴秋向他提意见的曾中生、旷继勋等十余名干部。

1933 年 3 月，张琴秋担任红四方面军总医院政治部主任。当时四川军阀田颂德正在对红

军进行“三路围攻”，张琴秋率领伤病员三百余人和妇女赤卫营五百余人及医院保卫科少数人转移到苦草坝，遇到了川军刘汉雄部一个团的阻击。川军士兵见对手是女人，就不愿开枪，张琴秋让部队大喊口号：“欢迎革命的士兵兄弟到红军中来！”于是一个川军士兵表示，不和堂客打仗。川军团长处决了这个不愿开枪的士兵，结果士兵们更不愿打仗了，张琴秋随即指挥部队，将这个团缴械，许多川军士兵参加了红军。成都的《蜀笑通讯》1933 年 5 月 25 日刊登了这条新闻，从此“五百农妇缴一团白军”的新闻就传遍了全川，张琴秋也随即被赋予了传奇色彩。

张琴秋麾下的另一支女兵队伍，就是新剧团。张琴秋在考虑一个女同志该去哪个部门时，有自己的一套很有趣的标准：如果一个姑娘力气大，身体也壮，比男同志吃得还多，就去战斗部队；如果一个姑娘嗓子好，身材适合跳舞，就去剧团。她自己常常参加演出，拿出擅长的海军舞、乌克兰舞。她率领的宣传队伍，因为是女兵，常被川北的百姓围观，群众纷纷称赞：“宣传队里有个当官的女红军……她很会讲啊！”演出场地常常设在总医院花台边的一个巨石边上，红军离开苏区后，群众就把那块石头叫作“女儿石”。

当时川北的人民吸鸦片的很多，为了鼓励戒烟，卫生学校校长苏井观就写了个剧本，描写一个人从富抽到穷，最后把老婆卖给地主还债的故事，张琴秋当时就是饰演吸鸦片的农民的妻子，开演时观者如潮，收到很好的反响。

张琴秋还十分重视医院的建设和战地的救护，她曾经和医务人员反复实验，制造出一种效果不错的麻醉药“珂氯仿”，还研制了一些镇痛剂，并发现了一些疗伤效果很好的草药。1933 年夏，山洪暴发，小平溪水位暴涨，张琴秋骑着白马冒雨送药，面对突然到来的洪峰，她没忘记在苏联受到的马术训练，高高地掣起缰绳，扬鞭大喝一声，白马纵身一跃，跳到对岸。后来乡亲们就把小平溪改名叫“跃马溪”。

每当看到张琴秋穿着双排扣的列宁装，腰间挎着小手枪，精神焕发的样子时，王定国都会赞叹道：“她是我们心中的青春偶像。我们这些女孩子，有困难找大姐，闹分歧找大姐，想家了找大姐，受委屈时也找大姐，一切都找大姐，大姐成了我们的主心骨。”

1935 年 2 月，红四方面军组建妇女独立师，下辖两个团，张琴秋担任妇女独立师师长兼第一团团长。妇女独立师和根据地内的各独立师、红三十三军扮演了掩护主力和数万跑反群众西渡的后卫角色，也就是相当于中央红军中红五、红九军团所起的作用。女战士们需要和友军一起将王家坝大量的军需物资转移到六十公里外的永宁铺，更为重要的是，还要转移数千名重伤员。相对于军需物资，这个任务太重了，要知道，女战士的总数量比伤员要少得多，而且一副担架需要四个女战士抬，压力沉沉地落在张琴秋和妇女独立团战士们的肩头。

于是张琴秋千方百计地争取完成任务。她让女战士中的抬滑竿高手培训大家抬担架的技术，怎样起抬，怎样走步，怎样转弯，怎样上岭，怎样下坡，全是从头教起。并且根据各人体力的强弱，

张琴秋与沈泽民的结婚照

1963 年 4 月 15 日，张琴秋（右）与女儿张玛娅参加沈泽民的遗骨安放仪式

以三人到五人编一组，每组一副担架。张琴秋深情地动员大家说：“伤员在前方杀敌，负了伤，流了血，我们现在吃点苦，流点汗，都是为了取得革命战争的胜利。”

虽然路上时有困难，却依然阻挡不了妇女独立团女战士运送伤员到目的地的决心。在北马塘，敌机一次轰炸，巴中姑娘苟秀英毫不犹豫地用自己的身体挡住了伤员。崇山峻岭间，留下了妇女独立团充满力度和美感的劳动号子：

陡上又加陡！越陡越好走！
眼前阳阳坡！小心慢慢走！
慢拐十字拐！前摆后不摆！
天上一朵云！道路展展平！

长征队伍到了川康边后，张琴秋被调任川陕省委妇女部长，后来又被调到党校学习。1936年夏，张琴秋与红四方面军政委陈昌浩结婚，随后被调任红四方面军政治部组织部部长。

过草地的时候，瘦弱的王定国，肩背着沉重的行李行军时，面前突然出现了一片巨大的泥沼。她实在不知道该如何走过去了，这时张琴秋骑着马来了，她看到王定国的困难，决心将王定国的行李都放到马上，然后让王定国抓着马尾巴走过去。看到王定国个子小，她还特别嘱咐道：“你要是双脚够不着地了，就抓紧尾巴，漂浮过去。”

眼看着最深的地方走过去了，可是马却因为负荷太重，打了滑，在泥潭里动弹不得。张琴秋担心王定国被暗流冲走，回身探出手来拉王定国，结果两个人加一匹马，都在泥浆里挣扎，等好不容易上了岸，都成了泥猴。

张琴秋的警卫员来了，要把自己的干衣服给张琴秋换上，而张琴秋却说：“我的身体还很结实，你看她多单薄。”说完，就不由分说地将干衣服给王定国穿上了。

1936年11月10日，奉中央军委命令，红四方面军主力西渡黄河，称西路军，张琴秋随后又担任了西路军政治部组织部部长。

在西路军面临失败时，张琴秋还怀着陈昌浩的孩子，她的孩子在气候环境恶劣的戈壁滩上出生了，她自己却因为产后失血过多且缺乏护理昏了过去，并永远地丧失了生育能力，而孩子也没有能活下来。在一旁的老战友苏井观照顾着她，看在眼里，疼在心里。1939年陈昌浩离开延安去了苏联，并在那里结婚后，张琴秋非常苦闷，这时随西路军余部到了新疆的苏井观回来追求她，苏井观不在乎自己将“无后”，也不在乎对方不再年轻貌美，位高权重，他只是为了心中纯洁的爱情。面对苏井观的纯洁情谊，张琴秋也仿佛回到了天真幸福的少女时代。她在写给苏井观的信中说：“我们彼此只有真诚，没有虚伪。我们是十年之交，是深情，是真情，是姻缘。”1943年，他们结婚了。

张琴秋从一个天真正直的水乡少女，成长为勇敢多谋的红军女将，她身上舍我其谁的工作热情和解决问题时的聪明才智，以及她为了心中理想所付出的艰辛和努力，永远值得尊敬和怀念。

两次深入敌区购置电台

文/洪　琪

七师为皖南游击队设置的第一部电台

1944年的冬天，皖南山区的游击战争已经在此坚持到第四年了。这一年，形势有了很大的发展。

为了加强对皖南山区的领导，1945年初，七师政委曾希圣同志决定在皖南山区设置电台，以便加强对皖南山区游击队的指示和联系，并派机要员韩铭声和报务员张明忠两位同志，携带密码、收发报机和马达等，于3月间到了皖南。

电　台

在皖南游击区设置电台，这是一件大喜事。皖南山区是孤悬于国民党统治区的独立游击区，这一带的黄山山脉和皖浙边的天目山山脉，是宁沪杭外围的主要山区，又是重要的战略地区。自从设置了电台以后，它发挥了多方面作用。尤其是在1945年九十月七师北撤以后，皖南中心县委和黄山游击队就是通过这架电台及时得到上级党组织和领导的多次指示，使皖南的革命斗争在远离党的领导机关的极其困难的情况下，得以沿着正确的路线，展开了更大规模的游击战争，取得了一个又一个的胜利。

皖南山区自1945年初设立电台后，工作了一年多，还算顺利。但到了1946年，严峻的考验来到了。

这一年的春天，国民党在发动全面内战之前，调动部分正规军和地方团队，有计划地向皖南游击队发动清剿进攻，妄图把直接威胁南京政府的皖南游击队彻底摧垮。敌人开始集中力量进攻太平石台边的杨明同志领导的地区，接着进攻旌德、绩溪边的黄石岩，企图端掉我游击队领导机关。

1946年的4月间，敌一六二师一个团和安徽保安团及县武装等共千余人，突然向隐蔽在黄石岩的地委机关发动进攻，地委机关只有三十多人和二十八支枪，情况非常危急。但我们依靠这一带茂密的树林，机灵地同敌人进行周旋。胡明同志带领我们三十多人，隐蔽在树林里，敌人不到跟前不打枪。大约到10时，有一班敌人向我们隐蔽的方向搜索过来，敌人看不到我们，他们的脚步声首先暴露了自己。又等了一会儿，脚步声愈来愈近，隐约看到黄帽子、黄军装了。这时我们的长短枪都响了起来，把敌人打得倒的倒，滚的滚，有几个没命地跑出树林外面去了，我们始终没有离开树林。一直坚持到天黑，才从半山腰冲出敌人重围，转到另一个山头去了。到了安全地点，清点人员时，多数人员包括机要员老韩、报务员老张都安然无恙，可是少了四位背收发报机和马达的同志，原来他们在战斗中走散了，离开了树林往山上跑时，都不幸被俘了。他们背在身上的收发报机和马达也随之落入敌人之手。

当我们在树林里隐蔽时，都做了最坏的打算，把随身所带的党的秘密文件、党员名单以及韩铭声同志所带的机要密码等埋在山上，现在人突围出来了，但电台却丢掉了，为了避免万一，要想办法把文件和密码取回来。韩铭声、曹云霞等几位同志自告奋勇，硬是连夜返回原地，取回密码、文件及其他物资。机

七师政委曾希圣

要员韩铭声同志请示：电台已损失，密码是否烧掉？经胡明同志同意后，密码也当即烧毁了。

到南京购置第二部电台

在黄石岩战斗中，我们失掉了电台，是一个重大的损失，这给今后的工作和斗争造成极大的不便，实在可惜。为了尽快恢复和上级党的电讯联系，我们必须想尽一切办法，搞到一部电台。

1946年的6月间，地委机关转移到樵山地区时，胡明、洪林和我一起商量如何搞电台的事。当时我说我家在南京，可以利用这个关系到南京去找中共代表团，请求他们帮助解决。大家一致赞同这个主意。洪林同志说，虽然到南京搞电台他没有办法，但是搞到电台后的运输问题，他可以负责解决。经过反复研究，最后决定由我担负去南京搞电台的任务。我家虽在南京，但因离家已八九年，又没有通过信，不知道现在的情况。数月之前我已请

一位同我们游击队关系很好的茶商郑介民在南京打听我家的情况。郑是太平县三门乡小河里人，经常跑南京做茶叶生意。通过他的打听，知道我家在日军进南京前逃难到苏北老家，原南京住址已被日军烧光，后来又迁回了南京。现在家里开了一个小店，父亲已故，母亲健在，一切都正常。我做好了充分的准备工作，由交通员朱同志护送，和郑介民、郑克山一道乘船由水路到南京。

但是，当时我对中共代表团的情况还不了解，用什么方式才能到梅园新村去和中共代表团接头呢？正在为难的时候，恰巧在去南京途经芜湖时，无意中遇到了曹民权同志。曹是绩溪七都人，家在我们游击队附近，和我们见过面，是个进步青年。他当时是芜湖日报社的记者，我看他身上戴了枚《芜湖日报》记者证章，就和他商量说："我想去中共代表团，你能否把证章借给我？"他欣然同意，并且主动陪我去南京。这样，我到南京后就顺利地到了中共代表团驻地。

到了中共代表团，首先出来接见我的是范长江同志。我说："我是来找组织接组织关系的。"范长江笑了笑说："那要找陈大姐（钱瑛同志代名，当时我不知道她的真名，也称她为陈大姐）。"随后钱瑛同志出来了，我就把写在很小的纸条上的组织关系介绍信交给了她，并说："我是皖南地委派来的，要求解决一部电台。"钱瑛同志听后问我住在哪里，我告诉了她我的住址，她叫我在家等她的信后再来。

隔了几天，我接到大姐的信，她约我后天上午去"打牌"，我按时去了。钱大姐把我带到一间房间里，叫我不要出来，并给我几本党内刊物看。她说："华中局已回电了，周副主席（周恩来）和邓大姐到上海还未回来，等会儿董老（董必武）要见你。"接着她还告诉我，代表团周围住着军统、中统特务，他们整天监视我们的行动，我们单人出去单人盯梢，叫我要提高警惕。她还说："这几天形势很紧，说不定他们有可能跑到代表团驻地来查户口，因此你还是住在家里好。"一会儿，钱大姐领我去见董老。见面后，董老亲切关怀地问我游击队的情况，地方党和群众的情况，指示我们要多发展党员，多做群众工作。董老看我穿着过去学生时代穿的蓝布旗袍，要我做两件好衣裳，他说来代表团的多是上层人士，要化装得像样一些，还要

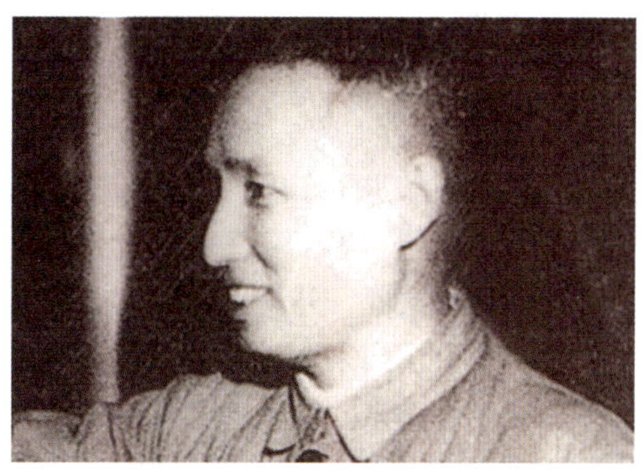

范长江同志

我买只手提包带上，最后叫我隔两天再来。

两天后的一个下午，我再进梅园新村。这次我穿了件蓝绸子夹旗袍，也是过去穿的衣裳，我觉得比前两次好多了。钱大姐领我到董老的房间。董老没回来，我坐在一个面向窗子的座位上，董老的夫人叫我换个位子，坐在背靠窗子的沙发上。并说："这个大窗户的对面正是军

统的窗子，他们总是有人监视这里。”不一会儿，董老回来了，一见面，董老就批评我为什么还没有穿好一点儿的衣服，我说，“过两天我就要走了，我们的经费实在困难……”董老也就没再说什么。坐下来后，董老讲了当时的形势，国民党胡宗南重点进攻陕甘宁边区，代表团说不定会遭到突然事变，形势很紧张。说罢，过来一位年轻同志，拿出一部分款子交给我，还有一只装着电台的箱子，另外还交给我一本书教我怎样以书编密码的方法（实际上就是密码）。董老说：“你应该带个箱子来装东西嘛，这是同志们自己用的箱子”。我感到自己不会办事，很不好意思地连连向这位同志道歉，并致谢。这位同志很热情，连连说：“不要紧，不要紧。等会儿把东西直接帮你送上汽车。”我告别了董老，随钱大姐出来。等到晚上8时，我和钱大姐各摇着一把芭蕉扇，向大门走去。钱大姐穿着拖鞋好像到对面二十三号宿舍去休息的样子。这时，我们的汽车进了车库，接着军统的汽车也进车库去了。等了十几分钟之后，我上了车，突然之间，开了大门，我们的汽车飞也似的开了出来，过了一会儿，军统的汽车也追了上来。我们这辆车是周副主席平时坐的，司机同志非常机警、熟练，但不知转了多少个弯都未甩掉“尾巴”，后来事也凑巧，转到一个地方，正好碰上停电，路上漆黑一团，我们才终于把“尾巴”甩掉了。车子开到一个黑地方停了下来，把东西卸下来后，车便开走了。不一会儿过来一部黄包车，我便雇了车带上那只箱子回到了母亲家。

过了几天，郑克山、郑介民来了，我拿出一部分款子交给郑克山，请他帮助买一批货，电台就混在货里一道运回到樵山游击区。等到得知电台已经安全运到游击队后，我才带着密码和剩余款项同交通员朱同志一道，由芜湖走陆路经茂林顺利地回到了游击区。

从上海购置第三部电台

1946年下半年，苏北的形势有了很大的变化。我军在苏中七战七捷后，领导机关向北转移到山东，距离皖南游击区更远了。我们从南京搞来的电台只有十五马力，功率不够，与华中局联系时声音越来越小，听不清楚。必须再搞一部功率更大的电台。

恰好1947年春节之后，余起同志来到皖南找我们。余原是皖南事变前徽州中心县委的干部，1941年徽州中心县委遭到破坏时，他被捕坐牢。释放出来后，到上海找到余华同志，恢复了关系。余起是拿着组织介绍信来和我们接关系的。余华同志是华中局派在上海的干部，和余起都是黟县人。余起见到我们之后，谈到上海不仅有余华，而且有吴文瑞同志，吴是华中局国区部派到上海搞贸易工作的。我们听后非常高兴，可以到上海搞电台了。地委决定，这个任务还是由我来担负。由余起送我去上海找余华和吴文瑞同志。地委交给我近四两黄金，作为购买电台的经费。当时我已怀孕临产，顺便到南京母亲家生孩子。

这次出发的路线和上次不同，我化装成有钱人家的太太，从绩溪的七都坐轿子到歙县的深渡镇，然后从深渡上船经杭州到上海。同行的，除交通员朱同志之外，还有女游击队员曹云霞同志，并将我三岁的小孩带到我母亲家抚养。我们和余起同志一道到上海。我先后见到了余华和吴文瑞，要求他们帮我们搞一部电台。余华说他没有办法。吴文瑞

同志说，他可以想办法去搞，但现在暂时还没办法。他要我先回南京，一面生孩子，一面等他的消息，并要我把金子带回地委。他说搞电台由组织上报销。吴还提出要地委派个交通员来上海，以便随时联系。后来地委即派出了张京武。

我回到南京母亲家后，不到个把星期，生了一个女孩。这时是阴历正月初。产后不到一个月，附近一个居民不幸被捕，据说是因和新四军有关系而被捕的。同时，我的一个亲戚无意中说出一个消息，说昨晚国民党的便衣特务，到各个妇产医院搜捕一个从徽州到南京的女共产党员。事后知道，原来我出来时帮我抬轿子的两位轿夫被敌人抓去了，他们供出了我可能到南京、上海生孩子。我家里只有我母亲知道我的情况，我的亲戚只知道我在芜湖乡下教书，我是芜湖来的，他们万万没有料到我就是那个被搜捕的女共产党员。我当时听到这个消息，暗自吃惊。为了安全起见，就从南京转移到苏北老家去了。吴文瑞同志搞到电台后，派了张京武到南京找我，由我母亲告诉他到苏北找我的地址。张京武找到我后，我们便一道赶到上海，研究如何将电台运回游击区。

这时已到1947年的5月间，皖南形势大发展，我游击队在绩溪地区广泛发动群众，开展分粮斗争（分国民党仓库的粮）。配合群众斗争，游击队打进绩溪县城，把国民党县党部打掉了。那几天，国民党的报纸上大字登载皖南新四军打进绩溪县城的消息。因此我们回游击区的路线和交通得另想办法了。最后商定电台由张京武负责，按第一次郑克山运送的路线，由他们协助解决。电台运走后，我暂留在上海，住在宋亦英家，等待吴文瑞同志物色交通工具送我。过了段时期之后，经石原皋同志推荐，吴文瑞同志派程龙同志送我回皖南。程是绩溪人，家在屯溪，他社会关系多，搞到了一张特别通行证，行路安全有了保证。此后，程龙同志就成为我们由上海到皖南的交通员，他护送过不少从解放区来皖南的干部。正在我要回皖南时，孙宗溶同志当时也由山东解放区来到上海，准备到皖南参加地委工作。这样，我们一行三人，由上海、杭州到屯溪，然后由屯溪、歙县到太平，再从太平到小河里。由屯溪到太平就要进山了，我仍坐轿子，孙宗溶和程龙二同志步行。到了樵山岭头，我们在茶棚歇脚喝茶，这时更重要的问题是我离开游击区已约半年，不知道地委机关是否还在樵山，也不知道附近一带敌情又怎样。我急于要了解这些情况。樵山岭是通往太平和泾县茂林的大道，来往行人多，我正在焦虑时，正巧遇上樵山荷花坑的一位女同志（现在已记不起她的姓名）路过那里，也在茶棚里休息。她看我戴着墨镜，穿着旗袍，而且是坐轿子来的，派头很大，她不敢认。我就故意对着她讲："天气好热啊！"她听出了我的声音，走到茶桌把手中的扇子递给我，并悄悄地问我"你是孟同志（游击战争时期我化名老孟）？岭下樵山丁家驻有敌人，还筑了碉堡。"并告诉我地委机关可能住在什么地方，最后还是由她找到了民兵送我们，使我们避免了一次意外的麻烦，安全地回到了地委机关。回来以后，电台已经运到了，皖南地委通过这部电台很快和华东局打通了联系。这部电台一直工作到1949年的4月，在迎接大军渡江，皖南全境解放中，发挥了很大的作用，胜利地完成了任务。

（本文由北京新四军研究会供稿）

『放牛娃』见证临高角登陆和解放海南

口述/黎日金

琼崖纵队英雄群像

他五岁时从泰国漂洋过海回到老家文昌，十二岁时步行两天追随抗日游击队，因年龄小被拒绝，做了六年放牛娃后，十八岁时毅然参加琼崖纵队。冒着枪林弹雨迎接渡海大军，参加了多次战斗。他就是解放海南的琼崖纵队独立团的老战士黎日金。

年少志高

黎日金，1930 年生，1948 年 3 月参加琼崖纵队独立团，时任独立团政治部主任陈蜜的警卫员，1953 年至 1956 年 6 月被调到清澜海军基地，给当时的张爱华政委当警卫员。1956 年 7 月又被调至湖南工作直至 1993 年退休。

2010 年 4 月 27 日，记者在琼山大致坡镇见到了八十岁的黎日金老人。老人精神矍铄，头戴草帽在晾晒着地瓜干，

渡海大军强行登陆

胜利解放海南

得知记者的采访意图后，老人十分高兴，立即停下手中的活领着记者到榕树下交谈。

据黎老介绍，他虽是文昌人却是在泰国出生，因为文昌老家的祖母年事已高，祖父便让五岁的他回到文昌照顾祖母。但天有不测风云，就在他十岁时，祖母去世。因为战乱，日伪军到处“扫荡”，他无法与在泰国的家人联络，为了养活自己，不得不到大户人家去做放牛娃。

1942 年，十二岁的黎老已经做了两年放牛娃。当时日伪军到处作恶，黎老便和一同放牛的同伴商量去参加游击队，打日伪军，但是同伴死活也不答应，说害怕。十二岁的他就决定只身一人前往琼山的游击队申请参加抗日。

黎老在经过两天的跋涉后终于在琼山的云龙找到了游击队。在两天的跋涉中，黎老渴了就喝椰子水，饿了就吃椰肉，晚上悄悄地爬上榕树睡觉。找到游击队后，游击队的教导员却说他年龄太小，等多锻炼两年再来。

黎老当时只好失望地回到了家中，想了一个晚上后，性格开朗的他就想通了，第二天又高高兴兴地去给人家放牛去了，他不是放弃，而是真的在不断锻炼身体。

打三江、拉牛车、火烧敌堡垒

1948 年，黎老和同村的两名同伴一起报名参加琼崖纵队。黎老被分配担任琼纵独立团政治部陈密主任的警卫员。

1949 年底，为给渡海大军创造有利条件，琼纵独立团以文昌为根据地，运用游击战术不断“骚扰”敌人。

黎老说，攻占三江是他参加的第一次真正的战斗。

那是 1949 年 12 月底，当时很多人听说对岸的解放军就要来解放海南的消息，整个独立团士气高昂。独立团决定进一步扩大根据地，将附近的城镇攻占，郑章团长首先布置的就是：拿下三江。

在得知作战任务后，作为警卫员的黎老主动请战，也到了三江。作战指挥员采取的是先礼后兵的攻略，当时，指挥员派人送信给堡垒守军的头子，劝他赶快投降。但是守军的头子仗着九十人守卫的堡垒，拒绝投降。

凌晨 3 时，部队发动攻击，战士们纷纷从不同的地方瞄准堡垒的窗口，从上至下一层一层地打，把敌人从第五层逼到第一层。但是狡猾的敌人，迅速从堡垒后方撤离到街尾的堡垒。这个时候，战斗已经持续了两个多小时，为了迅速结束战斗，在经过考虑后部队决定采用火攻。

战士们在农户家买来一辆牛车，在牛车上装上柴火，点燃后由牛拉着车冲向堡垒的大门。由于堡垒的门是木制的，所以很快燃烧起来。经过十多分钟后，堡垒里面的敌人被熏得受不了了，一个接一个地举手投降了。

“当时的那群敌人就像从非洲来的一样，全身都是黑的，只看见两个眼珠子在反光，街尾的堡垒没有耗费我们一颗子弹就拿下了！”黎老神情激动地说。

接应大军：与先锋营联手抓俘虏

黎老回忆说，第一批渡海大军来海南，那次他们独立团早就在铜鼓岭做好了迎接准备，但是迟迟不见人影。

后来第二批大军于 3 月 11 日在赤水港长路地区海岸登陆，独立团参加了接应。当时由于语言不通，部队上面指示，只要看到有五角星的就往村里带。

“我们当时不会说普通话，见到渡海战士，大家都很兴奋，只有不停地和解放军握手拥抱，摘椰子给他们喝。”黎老说。解放军来了，整个独立团士气更加高涨。

据黎老回忆，就在渡海先锋营到来后，独立团在云龙迎战国民党几个团的兵力，这是以前想都不敢想的。独立团从早上 9 时多开战，一直打到下午 4 时。由于独立团武器落后，伤亡太大，实在是顶不住了，于是请求先锋营增援，先锋营一来，国民党军就像泄了气的皮球一样，被先锋营打得落花流水。先锋营派出五个战士就把他们撵到十几公里外，那次一共抓获了九十多名俘虏。

随后的几个月，黎老跟随部队转战各地，参加了多次战斗。

庆祝大会一生难忘

1950 年 5 月 1 日，海南解放。

老人兴奋地拿出自己获得的勋章，幸福地回忆着海南解放庆祝大会的每个细节。

“1950 年 5 月 1 日是我一生难忘的日子！那天文城镇人山人海，附近乡镇的群众也全都来了。”黎老告诉记者，早上 9 时庆祝大会就开始了，大家敲锣打鼓，独立团接到参加庆祝大会的指示后，战士们把缴获的战利品一一展示，连缴获的罐头都拿出来了，百姓们给部队送来鸡蛋、米等物品。晚上还看琼剧，现在都还记得其中的一两句唱词：共产党好，毛主席万岁！整个庆祝活动一直持续到晚上 11 时多。

“很多人打着火把，唱啊、跳啊，喊啊，对新生活充满无限遐想，那天晚上的火把格外亮，就像一条条巨龙，燃起每个人心中对美好生活的希望。”黎老说这话时眼里噙着泪水……

（本文选自《南国都市报》）

解放海南岛纪念章

十六天穿过四道封锁线

口述/师宗勤　整理/苏建刚

我所在的十九兵团是第二批入朝参战部队，1951年初，部队在安东集结时，前线战事正紧。兵团政治部为了安全，分三路赶往“三八线”附近的集结地，团以上干部坐火车，机关人员走山间小路，我们负责运送机关文件、电台以及骡马的独立运输排走公路。

从丹东到集结地芦洞有一千二百多里，计划每天晚上行军八十里，预计十六天到达目的地。出发前，政治部秘书处杨堃科长交给我一张行军路线图，并说：“小师，你的担子不轻啊！全排一行七十三人和五十匹骡马就交给你了！”我当即表态说：“请首长放心，只要我有一口气，一定把人员、马匹和物资安全带到集结地！”

过江部队多，工兵部队在鸭绿江桥两侧又架设了两座浮桥，我们排队从浮桥过了江。那天晚上刚下过雪，天上地上都亮亮的，似乎还有一层薄雾，这个日子不容易忘，阴历正月十五，那一天我正好满二十二周岁。

出发时，每人配发十天的熟食，高粱饼子八斤，炒面七斤。行军途中遇到兵站粮库再随时补充。上级还给我们配备了一名翻译、一名卫生员、三名炊事员和一个警卫班，队伍前后有两百米长。刚过江就听到隆隆的炮声，呛鼻子的火药味也浓了，我命令部队加快行军速度。

次日凌晨4时半，管理员告诉我，已经走了七十多里，距离公路十多里有个小村庄，我决定下公路到那里宿营。小山村里只有二十多户人家，安排好人员、骡马后，翻译梁再义陪我找到村干部（人民班长），交给他五百斤草票，买了些稻草喂马。我又叮嘱警卫班派出流动哨，防止坏人偷马或者下毒，其他人好好休息。

早上7时多，我就醒了，起来查看各班情况，不料还是出事了。一班最好的一头大青骡子不见了，哨兵小杨当场就哭了起来。查看雪地上的蹄子印，估计是往南山去了。当地百姓劝我们不要追，这里马匹被盗时有发生，偷马不是目的，路上往往有埋伏，小心中计。我们只好作罢。

下午5时，大部队又出发了，天空阴沉沉的，东北风裹着雪花。公路上很繁忙，有汽车团拉着物资往南疾驰，也有马拉的高炮车队向南机动，路上的雪冻成冰，又被车辆压得瓷瓷实实的，简直成了“玻璃路”，没想到我在这儿，差点“出师未捷身先死”。

部队行军到一段盘山路，坡度很陡，大约有三十度，边上就是深渊。正在爬坡时，不料一匹驮着电台、马达的骡子突然滑倒，我心急如焚，组织人员前推后拉，没想到骡子突然挣扎着站起，背

“三八线”附近

志愿军在境外小路上行军

美军飞机空投炸弹

上的箱子一角正撞到我胸口，失去平衡的我顺着陡坡向悬崖边滑去，我多么希望有块石头或者有棵树可以抓一下啊，可是没有。

没想到我命不该绝，悬崖下十多米处伸出来的小松树接住了我，那时我已经昏迷了。后来听人说，大家打着手电向下一看，发现底下灌木丛上架着一个人，肯定是排长！他们将绳子一头绑在远处的松树上，派人下去把我救了上来。

卫生员发现我的两个门牙不见了，脸上多处划伤，头部有三个核桃大的血包。我醒过来第一句话就问："电台和骡子怎样？"得到都安全无事的答复，我才放心，顿时觉得头痛得厉害。管理员跟我开玩笑说："排长，你大难不死，必有后福。"我说："别再来这么一下，就是福了。"

一路上，敌机骚扰不断。行军第五天，我们临近清川江了，突然听到防空哨的枪声，我立即吹哨，两长两短，这是立即隐蔽的信号。全排迅速离开公路中央疏散，敌机已经飞到头顶，投下数枚照明弹，夜空亮得如同白昼。敌机没有发现目标，便折回到清川江桥边扫射了一阵，发射了几枚火箭弹就走了。

部队顺利通过清川江封锁区，已是凌晨4时多，我们照例找小村子宿营。那个村子的房子大部分被炸毁，老百姓都躲在山上的防空洞内。次日下午，二班副班长刘福林提前下山烧开水烫脚和吃炒面，结果水还没烧开，烧火冒的烟就把敌人的"油挑子"引来了。他刚三步并作两步钻进防空洞，敌机上的机关炮就开火了。

虽然没有人员伤亡，但晚饭后我还是召开了班长会议，批评了刘福林提前下山的行为。从这天起，我们在下午4时有组织地下山，提前一分钟也不行，这是战场纪律。

大同江是敌机封锁的另一个关键地段。到达江边时，防空哨兵说，敌机刚走不到十分钟，按照规律，二十分钟后就会回来。和其他同志商量后，我们决定趁间隙立即过江。

部队过江刚走一百多米，防空哨的警告枪声就响了。不知道敌机发现我们没有，但是一枚燃烧弹击中了骡马驮的箱子，起火了，我赶上前去用大衣捂灭了明火，这才心疼地发现，烧着的是两箱朝币。为了防止纸币复燃，战士们用毛巾蘸雪将纸币擦了又擦。好在朝币包装得很紧，没有烧透，战争时期，这些缺角钱还能照用不误。

敌人丢下的炸弹还将公路中央炸出两个直径达四米的大坑，工兵们赶来麻利地回填虚土，再搭上原木，道路很快又畅通了。

几天后，我们到达顺川，这里有公路与铁路并行通往三八线，又有个火车站，因而是敌机封锁最严密的地区。部队加速通过这里不久，就发现一辆汽车在公路中间熄了火。凭着连日来的行军经验，我命令部队立即超越这辆危险的汽车。

果然，刚跑过一百多米，防空哨的警报就发出了。两架敌机很快发现这辆公路上的汽车，拼命向它扫射并发射火箭弹，汽车中弹起火，第一架敌机又调回头来，投下两颗重磅炸弹，声音简直震耳欲聋，就听到空气中弹片"嗖嗖"飞过的声音，接着是轮胎的跑气声。

鸭绿江桥

一班长李生怀报告，一辆马车的轮胎被弹片打穿。战士们马上用千斤顶撑起马车，卸下轮胎，换上备用轮胎，打上气，我看看表，只用了八分钟。

除了一个轮胎，别的物资都安然无恙，我命令部队立即离开危险区域，向前猛进，心中暗自庆幸运气还算不错。结果凌晨5时下公路宿营时，一个山包下坡很陡，因为手闸失灵，一辆马车连带骡子翻到坡底。

那匹驾辕的骡子一条后腿可能断了，只能三条腿走路，这样是无法行军的。部队安顿好后，我们找到村里的干部，把骡子寄存在他家，讲明两个月后派人来牵骡子。并再三叮嘱，如果中弹或者病亡，请不要吃它的肉，把它埋掉，因为这是匹功勋骡子，它跟着机关经历了抗日战争后期、解放战争全过程，出了大力，所以应该深埋为好。临走还留了五百斤草票，一百斤料票，并让他开了收条。我记得这个村庄叫栗子洞，村干部的名字叫金栗山。

行军到后期，山地公路多了，风险似乎小了些，路上汽车、马车很多，但是从两边的山腰里总是间或升起一串信号弹，这是敌特联系飞机的信号，遇到这样的情况，我总要朝信号弹发出的地方开两枪以示警告。没过几分钟，敌机就来了，朝着公路胡乱扫射、投弹，完成“任务”就回去了。

最后一道封锁线是新溪郡地区，那里有一个小高塬，十多里没有树木，碰上敌机无处隐蔽，必须做好伪装，快速通过。我们果然又碰上了敌机，火箭弹就在离刘福林不远处爆炸，泥土落了他一身，他笑着说，差点去见马克思了。这是我们一路遇到的最后一次险情。

又走了十多里，路边站着两个人，询问之后才知道，原来就是等我们的人，已经在那里等了两个小时。芦洞近在眼前，将骡马、物资安排到树林里，人员进入防空洞，我长长松了一口气。十六天在异国他乡独立行军，穿过四道封锁线，遇险无数，除了损失两匹骡子，人员、物资无恙，我们终于安全抵达了集结地。

（本文选自《中国青年报》）

高洁如松竹，堪为后者师

文/祝丽娜　祝曼曼　祝苏展　祝红军

祝菊芬（1911—1991年），原名祝朝俊，海南文昌清澜乡云路村人。1926年春，加入中国共产主义青年团。1927年7月加入中国共产党，任文昌县清澜乡党支部书记。1928年5月至1934年任新加坡共青团区委组织委员、区委书记、马来亚共青团中央监委书记，中央常委兼宣传部部长、秘书长等。1939年至1947年，历任琼崖工农红军改编的广东民众抗日自卫团第十四区独立队政训室政训组长、琼崖抗日军事政治干部学校教育长兼政治处主任与党总支书记、中共琼崖特委宣传部干事、中国人民解放军琼崖纵队独立纵队第三支队政治处主任、琼崖区党委民运部副部长兼琼崖农民协会筹备会副主席、新区土改工作团团长等。1949年至1953年，历任中共琼崖北区地委常委兼府海特区党委书记，海口市军管会秘书处第一副主任秘书兼人事科长，海口市人民政府主任秘书，海口市政协副主席，广东省人民法院海南分院副院长兼审判长，海南土委办公室主任，海南行署文教处处长，海南文教战线党组委员等。

1954年至1977年，历任中共中央华南分局统战部第四处副处长兼广东省华侨事务委员会党组委员和广州华侨补习学校校长、中共港澳工委办公室主任，后任广东省高教局办公室主任兼中专处处长、高教局机关党组委员和机关党支部书记，广东华侨中学校长兼党支部书记，广州市教师进修学院副院长，广东省侨联顾问、广东省侨联奖励基金会名誉理事，海南省新马归侨联谊会顾问等。

1911年5月26日，父亲出生在海南文昌清澜乡云路村一户贫苦的农民家庭。1926年春，加入中国共产主义青年团。1927年7月加入中国共产党，父亲献身于无产阶级革命事业整六十三年。

1928年5月，国民党实行白色恐怖，大肆捕杀共产党人、镇压革命群众，父亲被迫撤往香港；同年7月，经中共广东省委介绍，转往新加坡，在中共南洋临时委员会领导下继续从事地下革命活动，先后任新加坡共青团区委组织委员、区委书记等职务。1930年1月，南洋共产党和南洋共青团分别召开第一次代表大会，原“中国共产党南洋临时委员会”改为“马来亚共产党中央委员会”，原“中国共产主义青年团南洋临时委员会”改为“马来亚共产主义青年团中央委员会”，父亲被选为马来亚共青团中央监委书记。此后，他曾任过马来亚总工会党组书记和青工部部长、《青工儿童画报》主编，马来亚共青团中央常委兼宣传部部长、秘书长，并主编《列宁青年》小报。父亲原名祝朝俊，因地下工作掩护身份的需要曾化名祝石公，后改名为祝菊芬就沿用下来。1934年12月，父亲在马来亚北部各地进行巡视工作，归途经马六甲码头被英帝国主义当局逮捕入狱。1935年3月间与符荣鼎、朱曼英一同被驱逐出境，返回祖国。1991年父亲仙逝时，老战友符荣鼎在缅怀赋诗中写道：

矢志相期六旬前，千回百折亦坦然。
飞霜四月离人泪，系狱周年逐客船。
孤岛始终同尽瘁，特区策划共凯旋。
艰辛苦辣同尝遍，何遽先凋噩耗传。

回到祖国后，父亲到了广州。在广州期间，他克服困难，千方百计寻找党组织。七七事变爆发后，父亲主动投身于抗日救亡运动中，参加了中山大学学生救亡宣传队和广东民众抗敌御侮救亡会的组织活动。1938年初，父亲与八路军驻广州办事处取得联系，由该办事处主任云广英介绍，参加了广东民众抗日自卫团第十四区统率委员会政训室的工作，任政训员。同年9月，他得到冯白驹和中共琼崖特委的批准，恢复了与党的组织关系。

1939年2月，日军入侵琼岛。在中共琼崖特委领导下，由琼崖工农红军改编而成的广东民众抗日自卫团第十四区独立队，树起了琼岛抗日武装斗争的大旗，为抗日救国、保卫家乡而战。在党的领导和号召下，岛内各族人民纷纷响应，开展各种形式的抗日斗争活动，形成了全面抗战的局面。根据抗日民族统一战线的需要，党组织任命父亲为广东民众抗日自卫团第十四区独立队政训室政训组长、随军服务团团长。父亲领导随军服务团深入全岛各地进行抗日宣传活动，深受人民群众欢迎。一些有抗战倾向的国民党军队和地方武装，如文昌龙驹壮丁队、定安县地方游击队等，也相继要求服务团派工作队去协助他们做思想发动工作。随军服务团按照党的抗日民族统一战线政策，配合中共琼崖特委和抗日独立队，进行艰苦细致的教育、宣传工作，由此，琼崖成立了无数个乡保“抗战动员会”、各界群众组织的“抗日救国会”，同时，由于多方面的努力工作，一大批热血青年参加了共产党领导的抗日武装队伍，使我党抗日独立队在改编成立后短短的几个月，就从三百

解放战争时期的祝菊芬

一生革命两袖清
只留足印付后人
祝菊芬

祝菊芬笔墨

琼崖抗日自卫团独立队

多人发展到一千四百多人，扩展成为独立总队（下辖三个大队和一个特务中队）。与此同时，敌后游击战争也从琼、文二县迅猛开展到其他许多县份。1939年四五月间，随营军事政治部与训练班成立，其任务是为部队和地方培训和输送排级以上军政干部和乡区以上党政民组织领导干部。父亲任政治教员、政训员、党总支书记，负责讲授《论持久战》、“部队政治工作”“民运工作”等课程。他讲课深入浅出、条理清晰、生动活泼，得到学员们的好评。随营军政干部训练班合计办了五期，培训军政干部一千二百人。

1940年夏，父亲调任独立总队政治部民运科长，兼任琼崖抗日公学教员。他一方面组织领导政工队，配合地方党政做好工作，帮助建立各界民众抗日救国会，调动一切力量支持抗日，另一方面，在琼崖抗日公学讲授《论持久战》、“部队政治工作”等课程，同时还主编了广受部队欢迎的《战斗生活》小报。同年12月间，琼崖国民党顽固派军队向抗日独立总队发动进攻，美合根据地失守。我党特委领导机关与总队主力实行战略转移，回驻琼文老区。1941年2月，父亲任政治协理员兼党总支书记。1941年3月间，为了开展抗日反顽斗争，随营军政干训班暂停培训而直接参加战斗。此后一天，冯白驹对父亲和李振亚、云涌三人说：“培养干部是我党我军一项长期的战略任务，形势越紧张，战斗越艰巨，就越需要更多更强有力的干部和人才去加强各种组织与工作的领导，就越要保证不断地培养和补充干部，干训班决不能停。”后特委与总队部决定，把刚恢复的随营军政干训班迁到万宁县六连岭去办，并扩大为一所“抗大”式的琼崖抗日军事政治干部学校。校长由李振亚总参谋长担任，云涌为副校长，父亲任校教育长兼政治处主任与党总支书记。琼崖抗日军政干校从1941年6月建校至1942年底停办，共举办两期，毕业学员共计六百多人，如果包括五期随营军政干训班和一期琼崖抗日公学附设的军政班毕业的学员在内，总共有一千多人从这所“抗大”式的琼崖抗日军事政治干部学校毕业。这一大批经过培训的学员干部，对部队、根据地和游击区的建设，对加强地方党、政、民工作的领导，对坚持长期残酷的孤岛革命战争，直至取得抗日战争和解放战争的最后胜利，无疑起了不可估量的作用。父亲作为长期从事干部培训工作的教育工作者和领导干部，在为我党培养干部的事业中做出了他应有的贡献。

1943年1月，父亲被独立总队派到东区（琼文）任第三支队政治处主任，参加反“蚕食”、反“扫荡”的抗日游击斗争。父亲任政治处主任时带领第一大队，他们利用六连岭山深林密，路窄崎岖的有利地形，机动灵活地使用兵力，伏击来犯之敌。在车田一地，夜间伏击了敌人的“讨伐队”，击毙敌军二十余人，缴获一批枪支弹药。不久，又拔掉了万陵、八丈两个敌伪据点，迫使日军弃甲逃窜。为了大力开展外线和新区的对敌斗争，有效地牵制日伪对根据地“蚕食”“扫荡”的兵力，支队决定由父亲带领第一大队向万宁、陵水交界处敌人统治薄弱的地方开展敌后武装斗争。经过一番艰苦的战斗和策反宣传，迫于我军军事、政治的强大攻势，敌伪陵三区维持会会长陈耀珍、林树义率领伪自卫团两个中队向我军投诚。陈、林两人在该地区是较有权势的人物，他们的投诚倒戈产生了很大的影响，扩大了抗日独立总队的声威，有力地打击了日伪在该地区的“蚕食”“扫荡”计划。

1945年6月抗战胜利前夕，中共琼崖特委和独立纵队决定恢复琼崖抗日公学，以便培养更多的军政干部充实军队和地方领导力量，为迎接抗日战争的胜利做准备。为此，父亲被调到琼崖抗日公学工作。同年7月，他带领第三支队和东路地方军政机关选送的三十多名干部学员，登上了前往琼崖抗日公学的征途（校址先为白沙县阜龙乡，后搬至儋县南丰墟）。这次行军经过了崖县、陵水、保亭、万宁、乐会、琼东、定安、琼山、澄迈、临高、儋县等十余个县境，行程十分艰辛。但是他们个个都精神抖擞，途中得知日本宣布无条件投降，更是群情激动，加速了行进的步伐。途经琼二区府时，区长陈介山向父亲反映，有一个连的伪军想向我方投诚，希望学员队帮助区府做好接收工作。父亲当即答应二区领导的要求，把区民兵和干部学员队编成一个武装连，由干部学员任班、排、连指挥，顺利地完成了伪军一个连的受降任务。

1945年8月下旬，父亲带领三十多名学员抵达琼崖公学（因抗战胜利，“琼崖抗日公学”改名为“琼崖公学”）。9月，琼崖公学正式开学。史丹任校长，符振中任副校长，父亲任政治处主任兼校党总支书记。学员六百余人，分军事，政工、民运、普通等七个班。这批学员完成琼崖公学的学习任务后，直接奔赴党政军民各个领导工作岗位，对夺取琼崖解放战争的胜利，发挥了重要的作用。

1946年2月，父亲在中共琼崖特委宣传部任干事，为了配合斗争的需要，编写了有关发动全体军民紧急动员起来，反对新的内战，开展人民解放战争的宣传教育材料。同年9月，父亲被调到东区工作，任中共琼崖东区临委常委、宣传部部长兼琼崖独立纵队第三支队政治处主任。当时父亲的妻子林霞（林霞是1939参加琼纵，时任万三区委常委民

六连岭

运部长）也接到组织调令与父亲同回根据地工作，可是调令到达前两天，林妈妈在带领武工队出发外线蒋管区北龙乡工作归途中，被敌军围袭，壮烈牺牲。父亲带着强烈的悲愤，参与领导了东区和第三支队的自卫反击战，取得了一系列战斗的胜利。

1947年10月，在全琼党的五大之后，召开了琼崖独立纵队第一次全军代表大会，父亲任大会秘书长。当时为了建设五指山根据地，琼崖特委和琼崖纵队执行中共中央关于土改的工作指示，在解放区大力开展土地改革运动。父亲被任命为琼崖特委民运部副部长兼琼崖农民协会筹备会副主席、新区土改工作团团长。

在琼崖革命战争中，父亲把亲人牺牲的巨大悲痛压在心底，全身心地投入革命斗争中去。随着解放战争的深入发展，我军节节胜利，琼崖解放区不断扩大，即将迎来全岛解放。1949年，父亲任中共琼崖北区地委常委兼府海特区党委书记，后兼任北区地委宣传部部长。10月间，他配合中国人民解放军十五兵团司令部先遣渡海的三位参谋，为截取敌人防卫情报、策划，瓦解敌军，迎接南下野战军解放海南岛做了大量的工作。在海南解放战役进行期间，在他的参与和领导下，完成了准备接管府城、海口两地的大量调查工作，并直接领导策动了文昌县敌军林荟材团长带领全团起义。父亲先后协助野战军参谋人员完成登陆地点的实地侦察任务；派遣我策反人员潜入敌四十六军军部及敌防卫总司令部、参谋处和军事要塞、电台、飞机场等地，获取了一批非常重要的军事情报和军用地图；参与组织和领导海南地下学联支援解放海南的革命活动；调动人力、物力，做好接应南下大军渡海作战的各项准备工作。

1950年4月16日，中国人民解放军开始大规模的渡海作战。4月23日海口解放，父亲带领府海特区全体工作人员立即随军进城，这是全琼第一批进城的机关人员。30日，榆林、三亚解放。5月1日北黎等海港最后解放，至此，海南全岛解放。

海南解放后，父亲参与了人民政府的组建工作，1950年5月1日海口市军事管制委员会正式成立。由四十三军政委张池明任主任，父亲任海口市军管会秘书处第一副主任秘书兼人事科长，1950年6月1日海口市人民政府成立，符思之、林诗耀分任正副市长，父亲任主任秘书。历任海口市政协副主席，广东省人民法院海南分院副院长兼审判长，海南土地改革委员会办公室主任，海南行署文教处处长，海南文教战线党组委员。1953年冬，父亲因身体不好，组织安排他离开海南到广州治病。他为海南人民的解放事业无私地奉献出自己宝贵的青春年华。

1954年，组织分配父亲到中共中央华南分局统战部工作，任第四处副处长兼广东省华侨事务委员会党组委员和广州华侨补习学校校长（这是一间较为特殊的学校，主要任务是对归国华侨学生进行接待、审查、补习和分送工作，学校经费是由中央财政部拨发）。1956年下半年，华南分局改为中共广东省委，父亲在省委任中共港澳工委办公室主任，后抽调到省委高教党委办公室参与筹建广东省高教局。省高教局成立后，父亲任办公室主任兼中专处处长、高教局机关党组委员和机关党支部书记。因各种历史时期的“运动”，父亲被“调到”广东华侨中学任校长兼党支部书记，广州市教师进修学院副院长。

父亲是党的忠诚战士，时刻奉行党全心全意为人民服务的宗旨，甘当人民公仆。在儿女心中父亲是一位严师慈父，他平易近人，热情、谦逊。平日无论上下级一律平等相处，在各地的老战友经过广州时，都喜欢到我们家与父亲叙旧。父亲生活俭朴，在做侨务工作和任广东华侨中学校长期间，如慈父般地关心照顾那些因排华被迫离开父母回到中国的归侨学生。如今，当年的归侨学生回忆老校长时，无不是热泪盈眶、深情地怀念。父亲善于团结党内外同志一道工作；父亲党性观念强，他长期肩负着统战工作，严格要求自己，以身作则，兢兢业业做工作，从不计较个人的名利和地位；他廉洁奉公，对党忠诚；对家人一向严格要求。他经常给我们讲述在琼崖纵队艰苦战斗的生活经历，要我们从小就懂得珍惜今天的生活，做一个正直的人。当我们兄妹中有三人经过自己的努力工作加入了党组织时，父亲在感到高兴之余还不忘鼓励我们要继续努力。他常说，和牺牲了的烈士们相比，我们没什么值得骄傲自满的。父亲从不利用职权为自己和家人谋私利。大哥的母亲陈惠珍（是在南洋生长的青工党员，当时党组织为地下工作需要，安排她与父亲以假夫妻的名义租房同住，经组织批准为夫妻。后来大哥祝珍出生，由大伯代为抚养，十二岁才从南洋回到祖国与父亲团聚）由马共中央委派带领一批爱国青年回国参加抗战工作，在广州新四军抗战中牺牲了。父亲并没有因此而特别娇纵大哥，让大哥加入革命部队锻炼，解放初期父亲支持大哥到国家经济建设的第一线——工业战线工作。大哥直到离

部分琼崖纵队的老领导相聚

休时都是企业的一名普通干部。“文革”中二姐和小妹上山下乡多年，也是通过自己努力地工作学习考上了大学。

1958 年，在“反地方主义”运动中，父亲受到不应有的处分，我们的母亲傅淑娟也因此受到牵连失去了工作。在“文化大革命”中父亲蒙受了极大的冤屈，遭受了残酷的迫害，被关进用铁丝紧锁的小黑屋，打得嘴破血流，尽管如此，他始终没有动摇对党和对共产主义的信念。记得父亲始终如一地教导我们要相信党和人民。父亲终生襟怀坦荡、光明磊落，对党始终坚信不疑，表现了一个老共产党员宽阔的胸怀。

1980 年，父亲得到平反，1983 年广东省委组织部调父亲回广东省高等教育厅。党和国家刚刚做出关于领导干部离退休的规定，父亲立即响应、主动退出领导工作岗位，为中青年优秀干部接班让道。离休后，他仍然刻苦学习，继续为党的事业和祖国建设发挥余力。他为全军院校丛书撰写的《回忆琼崖抗日军事政治干部学校》一文，是全军院校研究海南琼崖军政革命史的最早论著之一。父亲对改革开放中出现的不正之风深恶痛绝，充分表现出一个老共产党员的崇高品德。

父亲是老归侨，他先后受聘担任广东省侨联顾问、广东省侨联奖励基金会名誉理事、海南省新加坡马来亚归侨联谊会顾问、广州市越秀区少先队辅导员、广东省老干部活动中心广东岭南诗社理事会理事。他为广泛团结党内外同志和海内外华侨、港澳同胞，为祖国的统一和现代化建设，为培养年轻一代做了大量的工作，奉献出自己的余热，受到了海内外、党内外人士的尊敬。

父亲一生亲历了中国近现代革命和建设的漫长岁月，无论大革命时期、抗日战争时期还是解放战争时期和建设新中国时期，他都始终以一个职业革命者的身份，战斗在革命的第一线。父亲一生对党和祖国人民的事业忠心耿耿，无私无畏，呕心沥血，鞠躬尽瘁。父亲，您为亲人奉献的是一片真情，满腔的热血；您“一生革命两袖清，只留足印传后人”；您两袖清风、一行足印的素描形象，实际上是真正的共产党人不谋私利、只知奉献精神的真实写照。1991 年 7 月，父亲驾鹤仙去，老战友李独清赋诗悼念：

惊闻君病逝，不禁泪沾衣。
廿载义旗举，一生廉政施。
从戎同伏虎，解甲共吟诗。
高洁如松竹，堪为后者师。

父亲，党和人民会永远记住这一切的。亲爱的父亲我们永远怀念您！

（本文作于 2010 年，选自南海出版公司《琼崖红色记忆》）

琼崖公学旧址

红枪白马女政委赵一曼

文/红　飞

赵一曼

赵一曼（1905—1936年），原名李坤泰，学名李淑宁，又名李一超，四川省宜宾白花镇人，著名的民族抗日女英雄。五四运动期间，赵一曼受到革命思想影响。1924年大姐夫郑佑之（中国共产党首届四川省委委员，革命先烈，人称“川南农王”）用通信的方式介绍她加入社会主义青年团；1926年夏，她加入共产党，曾任共青团宜宾地委妇女委员和县国民党党部代理妇女部长。1927年进入黄埔军校武汉分校学习；7月，武汉政府“反共”，她转移到上海，随即去莫斯科中山大学学习，翌年与同学陈大榜（陈达邦）结婚。1928年冬，她因疾

黄埔军校武汉分校

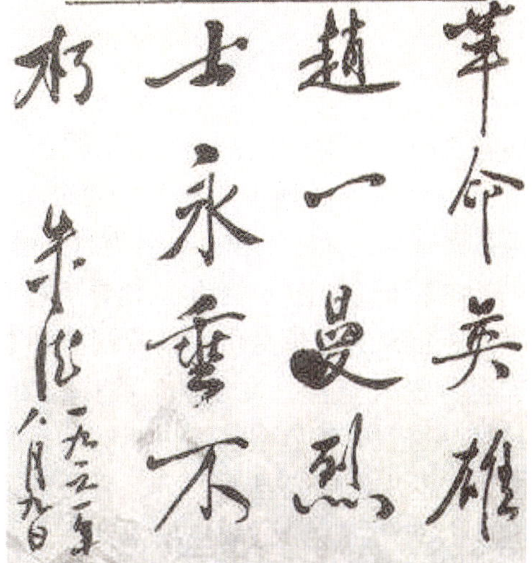

朱德为赵一曼题字

莫斯科中山大学旧址

病和身孕，奉调回国，先后到宜昌、上海、南昌等处做地下工作。1932年春，她被派到东北地区工作，更名为赵一曼，先后在奉天（沈阳）、哈尔滨领导工人斗争。翌年，为掩护身份，她曾同满洲总工会负责人老曹（黄维新）假称夫妻。1934年7月，她赴哈尔滨以东的抗日游击区，任珠河中心县委委员，后任珠河区委书记，一度被抗联战士误认为是赵尚志总司令的妹妹。1935年秋，她兼任东北人民革命军第三军一师二团政委，群众亲切地称她“瘦李”“李姐”，也被当地战士们亲切地称为“我们的女政委”。日伪报纸也为之惊叹的这位“红枪白马”的妇女其实并非超人，而是当时革命洪流中推出的弄潮儿。其实，赵一曼从外貌看是个消瘦且孱弱的女子，只是革命时代赋予她无比坚强的意志。

1935年11月，赵一曼在与日伪军作战时不幸因腿部受伤被捕。赵一曼负伤被捕解到哈尔滨后，日军为了从她口中获取到有价值的情报，找了一名军医对其腿伤进行了简单治疗后，连夜对其进行了严酷的审讯。此时，赵一曼伤口不断流出的鲜血湿透了棉衣，却依然滔滔不绝地痛斥日军侵占中国东北的暴行。负责审讯的日本特务恼羞成怒，竟用竹签从赵一曼的指甲缝中钉进去，用鞭子狠戳她的伤口，使她几次昏死过去。

面对凶恶的日军，将生死置之度外的赵一曼忍着伤痛怒斥日军侵略中国以来的各种罪行。凶残的日军见赵一曼不肯屈服，使用马鞭狠戳其腿部伤口。身负重伤的赵一曼表现出了一个共产党员坚强的意志和誓死抗日的决心，痛得几次昏了过去，仍坚定地说：“我的目的，我的主义，我的信念，就是反满抗日。”没说出一字有关抗联的情况。

1935年12月13日，因赵一曼腿部伤势严重，生命垂危，日军为得到重要口供，将她送到哈尔滨市立医院进行监视治疗。伤势刚好一点，日军又在病床前审问，赵一曼依然坚不吐实，日军拳打脚踢，她的伤口再度破裂，又昏迷过去。医护人员甚至包括看守的警察都产生了敬佩之情。

赵一曼在住院期间，利用各种机会对看守她的警察董宪勋与女护士韩勇义进行反日爱国主义思想教育，两人深受感动，决定帮助赵一曼逃离日军魔掌。1936年6月28日，董宪勋与韩勇义将赵一曼背出医院送上了事先雇来的小汽车，经过辗转后，赵一曼到了阿城县境内的金家窝棚董宪勋的叔叔家中。6月30日，赵一曼在准备奔往抗日游击区的途中不幸被追捕的日军赶上，再次落入日军的魔掌。

赵一曼被带回哈尔滨后，凶残的日本军警对她进行了老虎凳、灌辣椒水等更加严酷的刑讯。据敌伪档案的记载，日本宪兵为了逼迫她供出抗联的机密和党的地下组织，对她进行了残酷的拷问。刑讯前后采用的酷刑多达几十种，其中就包括电刑。但她始终坚贞不屈，没有吐露任何实情。

日军知道从赵一曼的口中得不到有用的情报，决定把她送回珠河县处死“示众”。8月2日，赵一曼被押上去珠河县（现尚志市）的火车，她知道日军要将她枪毙了，此时，她最想念的是自己的儿子赵掖贤。临产的时候，她正在宜昌做地下工作，把孩子生在一个陌生

好心妇女的半间砖房中。在前往上海找党组织的途中，她身无分文，背着孩子一路讨饭，受尽千辛万苦，几乎在上海街头把孩子卖掉。于是，她向押送的警察要了纸笔，给儿子写了一封催人泪下的遗书：“母亲对于你没有能尽到教育的责任，实在是遗憾的事情。母亲因为坚决地做了反满抗日的斗争，今天已经到了牺牲的前夕了。希望你，宁儿啊！赶快成人，来安慰你地下的母亲！在你长大成人之后，希望不要忘记你的母亲是为国而牺牲的！”

中国人民会永远牢记女民族英雄赵一曼可歌可泣的抗日事迹。中华人民共和国成立后，朱德为赵一曼题写了“革命英雄赵一曼烈士永垂不朽”的题词，哈尔滨市将一条主街命名为“一曼大街”。

（本文由中国红故事网供稿）

播撒革命火种的人

——记江福喜烈士

文 / 喻忠国

江福喜（1890—1941年），又名江戟门，旌德县白地乡江村人。1929年，江福喜由谭笑萍介绍加入了中国共产党。从此以后，在党的领导下，江福喜积极投身革命活动，坚决同国民党顽固派做斗争，为党和人民做了大量工作。

1932年3月，中共旌德县委在江村秘密建立，后转移到板桥碓山。谭笑萍任县委书记，江福喜、程宝三任县委委员。县委下辖下洋、白地、洪川、庙首、板桥、江村六个党支部，共有党员一百二十余人。同时在江村成立旌德县苏维埃政府，程宝三任主席，江福喜、谭笑萍、洪士珍、潘枝华为成员，参加领导工作。随后在江村还成立了农协会、妇协会、共青团等群团组织。当时党和各地群众组织的主要任务是宣传革命道理，扩大组织力量，发动农民与地主豪绅做斗争。江福喜后来又成为江村团组织的负责人，带领农村青年参加以反帝反封建为主的革命活动，在西乡一带掀起轰轰烈烈的农民运动。

1934年初，江福喜任江村党支部书记，负责江村党组织工作。当年底，党员程天星被捕叛变。设在泾县漕溪党的负责机关派党员董若易来旌西通知江福喜，要严密注意程宝三的动向，因为他的胞弟程天星在徽州岩寺叛变。3月9日晚，叛徒程天星、伪区长芮庶康带领国民党县自卫队进江村清剿，包围了江福喜的房子，鸣枪示威，入室搜查。当时青年团负责人洪士珍奋勇反抗，当场被杀害。江福喜和江凤荪两家二十多担稻谷和两头肥猪被抢走。程宝三、柳纪元、朱晏如、江小妹、江根子等二十多人被捕，先关押在庙首乡公所，后被押至县城。江福喜与江凤荪因事外出，才免遭其害。江福喜得知家中遭劫，趁着黑夜，逃至绩溪百坑村岳父家。翌日，由百坑去芜湖，后转移至合肥舅舅家隐蔽，直至7月才回家。不幸被旌德县调查室获悉，立即将江福喜与江凤荪逮捕关押，刑讯逼供，要他们写自首书，把过去的事情交代清楚。他们在狱中受尽了敌人酷刑的折磨，却依然坚定信念，以钢铁般的意志坚持着，保守了党的秘密。事延多日，敌人一无所获。终因“证据不足”，我们的同志交保让调查室开释了两位同志。

1938年秋，新四军军部移驻泾县云岭后，寻找地方党组织联系，扩充新四

江福喜故居

新四军追悼在皖南事变中牺牲的战友

军兵源。旌德特支与军部接上关系后，旌德党组织开始恢复活动，并选派青年去军部教导队受训。江福喜、江金根（江福喜长子）、江告花等人同时被派往泾县茂林受训。当年底，学习结束，江福喜回乡开展抗日救亡活动。

1940年元旦后，皖南特委书记李步新通知胡明工作调动，要胡明担任旌德县委书记，并派交通员带他到旌德西乡下洋村谭笑萍家中。谭笑萍即通知一些地下党员与胡明见面。其中有知识分子党员，如白地的谭浩，板桥的吕炯，三溪的汤太元等；农民党员有江村的江福喜，三都的王士桢。接上关系后，胡明就在西乡、东乡和北乡开展活动，具体安排党员的工作，重点是发展农民党员。活动地区以西乡为重点，兼及东乡和北乡。在发展农民党员工作中，江福喜利用社会关系，开展党的组织发展工作，发挥了很重要的作用。经过一段时间的组织发展，我党重新建立了旌德县委，胡明任书记，江福喜、王士桢等人任委员。县委下设三个区委。西乡区委书记是黄厚如，委员有徐松林、袁成发。江福喜分工负责西乡片工作，西乡发展的党员在全县数量最多。

1940年初，县委书记胡明派江福喜去旌绩交界的大山区黄高峰附近的王家庄开展工作。江福喜先发展了王必英入党（江福喜当时是中共旌德县委委员、王必英的娘舅），接着又发展汪家齐、程开元等人入党。胡明、江福喜指示王必英和汪家齐等人在当地秘密发展组织，扩大党员队伍。他俩在王家庄、五百担、百坑、戴家坦、陶湾里、唐家、水山下等地共发展了三十多名党员。1940年4月，先后在王家庄共建立了六个支部。在胡明、江福喜领导下成立了中心支部，由汪家齐任中心支部书记。

皖南事变发生后，江告花秘密叛变。1941年1月21日夜，国民党行动队队长江端、叛徒程天星带领行动队，突然包围了江福喜家，声言奉命捉拿共产党，不问情由，逮捕了江福喜、江金根父子俩，随即押往县调查室，严刑拷打，刑讯逼供。尽管国民党用尽了各种酷刑，江福喜、江金根父子俩坚贞不屈，视死如归，始终没有暴露党的机密。他们秘密组建的旌（德）绩（溪）边党组织没有受到破坏，维护了隐蔽在黄高峰的中心县委胡明等负责同志的安全，保存了党的力量。不久，江福喜父子被押往泾县。1941年3月5日，江福喜在泾县城外被敌人杀害壮烈牺牲。江金根被押回旌德，经具结保释回家。当年10月，特务头子江端又密告江金根、洪继根，说他们在山背后的社屋坑藏进了共产党，送了许多米给胡明和汪老田，接济了游击队。国民党伪专员徐世良（叛徒）借到江村开会之机，突然将江金根、洪继根两人逮捕。10月22日，江金根在押往县城途中的石井岭头惨遭杀害。同日，詹凯也在板桥被徐世良杀害。

旌德西乡的党组织，在皖南事变前起了不少积极的作用。在发展党员、开展活动，掩护县委，转送干部，通信联络等方面作了不可磨灭的贡献。而作为旌德西乡早期党组织负责人的江福喜，为发展党员，建立党组织，开展革命活动做了大量的工作，直到流尽最后一滴血，是一个播撒革命火种的人。

大智若愚于文清

文 / 马永成

于文清，绰号“于傻子”，吉林省人。1913 年出生，1930 年参加革命工作，1931 年加入中国共产党。1936 年 11 月，中共中央驻共产国际代表团派他到穆棱从事党的工作，历任中共穆棱县委委员，中共穆棱县委代理书记等职。

1936 年 11 月，抗联五军一师一团五连长马连升被捕后叛变，供出了道北特委和穆棱县委，县委书记刘广田等七人在穆棱县梨树镇被捕。穆棱县委工作陷入了瘫痪状态。为了恢复穆棱县委的工作，中共中央驻共产国际代表团派于文清、郭永才、赵德群、赵德顺等人来到穆棱县，恢复了中共穆棱县委，于文清任县委委员，配合县委书记李海山开展党的工作。

于文清到穆棱县后，为了不引起敌人的注意，他打扮成农民的样子，上身穿带补丁的蓝衣服，下身穿更生布的裤子，脚上穿开了口的胶鞋，手里拿着镰刀。他经常到农村去，同农民兄弟打成一片，给他们讲抗日救国的道理，从群众中发展优秀的党、团员，增强抗日力量。

抗联战士在密林中坚持抗战

1937 年 3 月，负责电台工作的赵德顺被组织安排去苏联学习，他走之前，穆棱县委决定将一部电台和一架照相机交给于文清，由于文清负责做电台工作。

1938 年 8 月，由于吉东省委书记兼抗联五军政治部主任宋一夫的叛变投敌，日伪反动当局在全省范围内进行了一次大搜捕、大屠杀，仅在穆棱县就逮捕了三百多人，当地党、团组织和反日会等群众组织全部被敌人破坏。于文清等同志恢复穆棱县委后，因出现叛徒，组织又连续遭到破坏。日伪军疯狂地“围剿”抗联队伍，使抗联队伍大量减员，被迫退入苏联。于文清同志不畏艰险，带领保留下来的共产党员和爱国群众，继续坚持战斗。

1941 年 1 月，于文清将保留下来的五名共产党员找到一起，在八面通以开杂货铺为掩护，重新建立了中共穆棱县委，于文清任县委代理书记。由于当时县委机关工作繁重，人手不足，于文清收留了一个父母被敌人杀害，无家可归的十二岁孤儿小李，以站柜台为掩护，秘密从事县委的交通联络工作。由于东北各地党组织被破坏，抗联部队退入苏联，经与驻苏的中共东北代表组、三人团（中共东北委员会前身）取得联系后，正式建立了向苏联发报的工作关系，使电台工作迅速开展起来。

当时，于文清化装扮作“傻子”。他头戴着耍了圈的草帽，身穿打补丁的破衣，腰扎草绳子，脚穿露脚趾的布鞋，脸上抹着锅底灰，疯疯癫癫东奔西跑，以疯傻麻痹敌人，趁机搜集敌人情报。有些儿童常常围着他起哄，向他身上抛石子、扔土块，使于文清受尽了嘲笑和折磨。敌人果真认为他是傻子、哑巴，放松了对他的警惕。就这样，于文清经常到日本兵营、伪警察大队、飞机场、火车站等处搜集情报。晚间，于文清在杂货铺后屋发报，其他人员放哨。身边的同志看见他这样忍辱负重地为党工作，都感动地流下了眼泪。于文清诚恳而坚定地对他们说:“在敌强我弱的情况下我们就得这样吃苦，日本鬼子兔子尾巴长不了啦。我们今天受尽痛苦，就是为了明天全国人民永远幸福！”他的话，使同志们看到了前途和光明，鼓起了勇气，坚定了抗日到底的信心。

1942年3月，于文清发现身后有便衣特务跟踪，决定利用夜间及时把电台转移到福禄村康乐屯衣学德家掩藏起来，坚持电台工作，其余的县委委员继续留在杂货铺坚持斗争，并让县委交通员化装，启用新的接头暗语到康乐屯取得联系，沟通情况。于文清用油布包好电台，化装成城里下乡治病的医生，由县委交通员小李扮作进城请医生治病的儿童，奔向康乐屯。到康乐屯后，于文清采取早出工和晚收工的办法，到康乐屯岭后石砬子缝向在苏联的中共东北委员会发报。一个多月后，有个特务经常在夜间到杂货铺附近游荡，县委委员老焦假扮成于文清，把这个特务引到八面通城北解决掉了，消除了隐患。

1943年9月的一天晚上，下城子日军突然来到康乐屯，把于文清住处围住，抓住于文清后，敌人用黑布袋扣在于文清头上，五花大绑后用汽车拉走，关押在下城子宪兵队监狱。敌人为了获得电台的下落，采取上大挂、皮鞭打、灌辣椒水、竹签刺指、老虎凳等酷刑，把于文清折磨得死去活来，但于文清宁死不说出地下党员和电台的下落。1945年3月，于文清在穆棱县下城子日本宪兵队监狱中与敌人搏斗时英勇就义，时年三十二岁。

（本文由牡丹江市博物馆和烈士纪念馆供稿）

中共穆棱县委领导的游击队

林伯熙：让日军胆战心惊的名字

文 / 王愉靖

凌晨4时，文昌县重兴镇铁钻岭上，整齐排列了上百人的部队，大家的目光紧盯着队伍前面的几位军官。

这是1940年9月的一天，日军侵占海南已一年多，琼崖人民正在日军铁蹄下苦苦挣扎，各地民间自发组织的抗日队伍比比皆是。这支连夜集结在铁钻岭上的重兴游击队，正是这样一支队伍，他们正在为队伍前途做最后的抉择。

一位壮实的青年军官用坚定的口吻对大家说："要抗日的，跟我林伯熙到（琼崖抗日游击队）独立总队去。不去的把枪留下，以后要去独立总队也欢迎。"他话音落下，却几乎无人愿意离开。唯一的例外是一名莫姓青年，他犹豫了一阵，放下手中的枪，转身回家了。

随后，这支百余人的队伍，带着九十多支步枪、一挺机枪和八支驳壳枪，由中共琼崖特委交通员领路，在林伯熙带领下，连夜赶到琼山县树德乡（现海口琼山区三门坡镇新德村）参加改编，正式加入独立总队，被改编为琼崖独立总队一支队一大队一中队，林伯熙任中队长，成为共产党的抗日武装。也正是从这一天起，林伯熙正式投身共产党领导下的抗日洪流中，成为令岛东日军闻名色变的一员抗日名将。

连拔据点　连战连捷

在陕北公学学习过的林伯熙，受过军事教育，加之军事天分高，其作战风格多变，令日军防不胜防。1941年他指挥的几次拔除据点之战，就能充分说明其指挥作战的智慧。

为验证改编后部队不断增强的战斗力，1941年初，林伯熙按照独立总队部署，率一支队二个短枪班十九名队员，在一个漆黑的夜里，神不知鬼不觉地摸进琼海潭门镇日军据点炮楼内。霎时枪声大作，睡梦中惊醒的日军尚来不及应战，就纷纷见了阎王爷。不到十分钟，十余名日伪军被击毙，三十名被俘虏。这是一中队成立后规模较大的第一次战斗，战果辉煌：缴获轻机枪一挺，长短枪十多支。

1941 年抗战的“开门红”，揭开了林伯熙及其部队一系列辉煌战斗的序幕。

4 月初，已是一支队副支队长的他又率二大队五中队和特务连挺进文昌，袭击翁田据点。这是场典型的“围点打援”战，为确保一举拔除翁田据点，他还派出两支部队分别埋伏好：一部在龙马桥伏击昌洒出援之敌，一部在冯凤至锦山公路伏击锦山出援之敌。在两处打援部队的密切配合下，林伯熙迅速取得拔点胜利，三处共歼敌五十余名。

日军占领重兴后，烧杀抢掠，到处抓民工，修建炮楼据点，强逼村民到墟上居住。为“震慑”抗日志士，日军还将林伯熙家乡柏茂村烧得一干二净，连残余的砖瓦木料都被拆除，用于修建炮楼。日军蹂躏重兴镇的消息让一大队义愤填膺。

日本炮楼遗址

“父亲对日寇残害乡亲的暴行实在忍无可忍。”林伯熙长女林廷霞说，当年夏天，林伯熙率一大队返回重兴一带，在铁钻岭的“三牛坡坪”处打伏击，烧毁日军军车一辆，击毙十多个日本兵，狠狠打击了残杀重兴人民的日伪军。

“这次战斗有力地打击了敌人的威风，大长抗日军民志气。”林伯熙战友陆和之子陆宇众介绍说，在战斗胜利的鼓舞下，重兴地区两百余名男女青年踊跃报名参加独立总队。

随机应变　扭转战局

1941 年 7 月，日军趁我军同国民党顽固派周旋的间隙，在琼文根据地中心的文昌县美德村建立据点，该据点同潭牛和大致坡两个日军据点相距仅十公里左右，互为犄角，分割控制着根据地，时刻窥探着琼崖特委领导机关。为保卫根据地，我军决心集中力量反击日军进攻。

特委的军事部署是：佯攻美德，引诱潭牛、大致坡日军增援，在途中将其消灭，再回头攻打美德据点。在林伯熙带领下，一支队三大队担负佯攻美德的任务。三百来人于 4 日清晨悄悄来到美德据点附近，当时天刚蒙蒙亮，佯攻战斗尚未开始。

忽然间，潭牛公路那边传来密集枪炮声，支队部传令员很快跑来报告：潭牛日军提前发现了我军伏击部队，发动了猛烈攻击。面对瞬息万变的战场局势，林伯熙与战友商量后认为，美德据点日军很可能马上出动增援。他们及时更改了原定作战方案，转而埋伏在美德至潭牛公路旁的灌木丛中，准备消灭从美德据点出来的增援日军。

果然，日军两辆汽车很快直驶过来。林伯熙沉着地等到日军完全进入埋伏圈才下达作战令。我军突如其来的猛烈炮火，打得日军鬼哭狼嚎，一阵猛烈的冲杀后，两车日军被基本歼灭。这次战斗，林伯熙体现了很高的战场即时处置能力，扭转了整个战局，共歼灭敌人三十余人，击毁一辆日军车辆，缴获一挺重机枪，两挺轻机枪，步枪二十多支。

获悉美德增援部队几乎被全歼，潭牛和大致坡的日军纷纷缩回据点。美德据点的日军因这次战斗失利，害怕孤军深入再遭歼灭，在第二天夜间就灰溜溜地撤走了。

乔装挑夫　巧取桥园

更为后人津津乐道的是林伯熙智取桥园据点的故事。

1941 年 8 月中旬，林伯熙率一个短枪班，到乐会县拔除日军桥园据点。该据点设施牢固，外层挖有两米多深的壕沟，中间架着密密麻麻的铁丝网，内层筑起三米高的围墙，其间还有暗堡。

实地侦察后，林伯熙认为该据点强攻难以得手，只能智取。再坚固的堡垒也会有其致命弱点，他决心找出该据点的软肋。经多方搜集情报，他获悉每月农历廿四日该据点日军都要打开大门，让附近群众送去柴火。

在林伯熙看来，这无疑是天赐战机，他们遂筹划在农历八月廿四日当天，把枪藏在柴火里，化装成挑夫，夹杂在群众中混入据点。这些平日无恶不作的日军终于到了清算之日，他们在我军战士接近时毫无防备，被当场击毙十多个，俘虏八个。我军还缴获机枪一挺，步枪十多支，以及一门宝贵的六〇炮。

“经过连续几次的拔除据点之战，海南东部一带的日本侵略军，听到‘林伯熙’的名字，就会心惊胆战。”海南省委党史研究室科研宣教处处长游宪军说。

由于林伯熙战功卓著，1942 年初他被提升为第三支队支队长。不久，在金鸡岭伏击日军的一次战斗中，他不幸中弹牺牲，为抗日战争流尽了最后一滴血，时年仅三十三岁。中华人民共和国成立后，他的遗骨被迁移回重兴镇安葬，1980 年由当时的重兴公社为他竖立了革命烈士墓碑。

林伯熙烈士墓

以相机作刀枪的战地记者

文 / 周堪李

黄朱汉（1919—1988 年），笔名夏风，广东横沥田坑村人，中共党员，高级记者、高级摄影师。1936 年在广州上大学时，开始参加抗日活动。1938 年赴延安参加八路军，入抗大学习。1939 年随抗大二分校到晋察冀抗日根据地，分配到《晋察冀日报》当新闻记者，在邓拓、沙飞帮助下，学会摄影，边写文章边拍照片，在艰苦的敌后环境下，一手拿笔一手拿相机进行战斗。1942 年调往中共中央局任秘书期间，仍坚持摄影活动。1946 年调任《晋察冀画报》摄影记者。解放战争爆发后，调任新华社晋察冀野战军总分社秘书兼《晋察冀日报》新闻记者，以文字为主，兼搞摄影。中华人民共和国成立后历任《人民日报》、新华社记者，后调全国政协工作。

他，是一个有名的战地记者。在艰苦的岁月里，他一手拿笔一手拿相机，为抗日战争和解放战争的光辉斗争历程，留下了丰富而宝贵的形象记录，为革命摄影事业奋斗了一生。他就是横沥田坑村的黄朱汉。

一手拿笔一手拿相机进行战斗

黄朱汉，1919 年出生在田坑村，原名黄泳江。1936 年，从东莞县立中学毕业后，黄朱汉以优异成绩考入广州大学经济系。在校期间，他参加广州市艺术工作者抗日救国协会，从事抗日宣传工作。1938 年参加八路军，并赴延安抗日军政大学学习；1939 年到晋察冀抗日根据地，分配到《晋察冀日报》当新闻记者，在时任《晋察冀日报》总编辑邓拓和晋察冀军区摄影科科长沙飞的帮助下，学会摄影，边写文章边拍照片。从此，黄朱汉走上了一条新闻记者的道路，记录下了那个革命风雨年代的形象缩影。

1937 年，卢沟桥的炮声，掀起了中国人民抗日救亡的浪潮。黄朱汉跟当时很多爱国热血青年一样怀着对日本侵略者的满腔怒火，于 1938 年毅然冲过重重封锁，奔赴华北抗日前线，成为《晋察冀日报》的一名记者。当时，《晋察冀日报》的记者来自五湖四海，大部分从全国各地冲过国民党的封锁，经过延安，辗转前来报社。像以后出名的邓拓、田间、孙犁、沙飞等这些爱国青年，他们为了抗日救国，毅然拿起笔作刀枪，在战争中学习战争，在当记者过程中学习记者工作。

黄朱汉与战友们一起不怕牺牲，深入游击区、敌占区，和八路军游击队地方干部及人民群众一起战斗，开展抗日

工作。他不仅会投手榴弹，会打枪，还学会了隐蔽自己，侦察地形敌情。黄朱汉与战友们，每到一个地方，既要了解附近敌人的情况，又要学会做宣传，动员群众参加抗战的工作。抗战时期只有学会游击战，才能够在敌后当战地记者。

反映军民英勇抗战和揭露日军暴行

当时游击区流行一个顺口溜："蛇的脑袋八哥嘴，母猪肚子兔子腿"。意思是说八路军、游击队员和《晋察冀日报》记者"会钻"，善于深入游击区、敌占区，寻找时机打击敌人，开展抗日工作；"会说"，善于做宣传动员工作，哪里有群众，就想尽办法去做工作；"乐观"，虽然平时吃不饱，但进行游击战时走得快、跑得快。这个顺口溜道出了当年八路军、游击队艰苦抗战的真实情况，也是《晋察冀日报》记者的真实写照。记者腰挎两颗手榴弹，外出采访，身穿八路军军装或老百姓服装，一般老百姓不知道是记者，认为是八路军。

在这样艰苦的情况下，黄朱汉以高昂的战斗情绪和饱满的创作热忱，随着部队深入敌后，拍下了反映边区军民英雄抗战和揭露日军暴行的珍贵照片，并采写了大量的通讯报道。1940 年，八路军对日军进行震惊中外的"百团大战"，黄朱汉与战友立即奔赴前线，参加"百团大战"的报道。一系列生动的镜头，充分反映了八路军歼灭日军的胜利和英雄气概，鼓舞了全国人民抗日战争必胜的信心。

日本侵略军实行烧光、杀光、抢光的"三光政策"，激起我国人民同仇敌忾抗击日军。晋察冀日报记者怀着满腔仇恨揭露敌人的罪行和阴谋。黄朱汉拍摄了《日寇暴行之一：三百余间窑洞全被敌寇摧毁》《日寇暴行之二：被逼疯的女人》系列组照，记录下日军犯下的惨绝人寰的滔天罪行。黄朱汉通过深入敌占区采访，揭露敌人实行集家并村，制造"无人区"，日军残杀我同胞，抢掠财物，抓走我同胞当劳工、"慰安妇"，在浑源县等地强迫农民种植罂粟，毒害我同胞的报道，刊登在《晋察冀日报》上，已经成为历史的见证。

拍下文献性的历史珍贵照片

黄朱汉在抗日战争中，拍摄了许多文献性的历史珍贵照片，如显示边区战士英勇抗日的信心的《老战士影展》《游击队之歌》;《国际友人来边区》(由平津脱险来边区的反法西斯国际友人班维廉夫妇等七人，与晋察冀边区军政首长合影；国际友人、美国驻华使馆武官卡尔逊、记者郝乔治、英国驻华使馆参赞司品列、加拿大国际主义战士白求恩大夫、印度医疗队柯棣华大夫等来边区访问与参加工作等）；1940 年，白求恩之墓落成典礼，聂荣臻将军率领边区军民向白求恩之灵致敬的《悼念伟大的国际注意战士白求恩》；日本反战同盟晋察冀地区协议会成立；张家口解放；军调执行部三人小组的活动以及张家口工厂恢复生产等题材。

黄朱汉的许多作品在边区举行过流动展览，有的在晋察冀画报和其他报刊发表过，生动而形象地介绍了晋察冀模范抗日民主根据地的各方面情景。他的作品除署名黄朱汉外，还用过朱汉、夏风、泳江等笔名。

黄朱汉和他的战友在晋察冀地区抗战中拍摄的数以万计的新闻照片，现在

虽为记者，但黄朱汉工作时常穿八路军军装

抗日战争胜利后，黄朱汉（后排左一）与《晋察冀画报》战友们在牟平花沟掌村合影

大部分都完好地保存在解放军画报社，为中国革命保存了丰富的形象资料。中华人民共和国成立后出版的《革命战争摄影作品选集》《老战士摄影集》《中国人民解放军历史资料图集》《日本侵华图片史料集》《人民战争胜利万岁影展》《老战士影展》《第二次国共合作》以及革命历史、军史陈列中的许多照片都是那时候拍摄和保存下来的。

1946年解放战争爆发后，黄朱汉调任新华社晋察冀野战军总分社秘书兼《晋察冀日报》新闻记者。拍摄下《毛主席和中央首长进京检阅中国人民解放军》《毛主席在西郊机场会见民主人士》《毛主席在开国大典上宣读国书》《朱德总司令在开国大典上宣读阅兵命令》等重大历史时刻的庄严场面。中华人民共和国成立后，这些重大历史镜头在中国革命历史博物馆和军事博物馆展出。

黄朱汉从家乡走出去后，以一个战地记者身份走上时代舞台，他拿起笔和相机作刀枪，揭露日本帝国主义的侵略罪行，宣扬抗日军民同仇敌忾抗击日军的英雄事迹，鼓舞军民奋勇杀敌，争取胜利。作为一名战地记者，他无愧于党和人民的期望，无愧于抗战的历史使命，为抗日战争和解放战争的胜利作出了自己的贡献。

（本文选自阳光横沥网）

粉碎日军“铁壁合围”

文 / 罗文坊

罗文坊

1941 年秋，日本侵略军为了扭转在华北战场屡遭挫折的局面，由冈村宁次接替多田骏出任华北方面军总司令官。冈村宁次是个极其狡诈凶残的家伙，上任伊始，便极力推行“治安强化运动”，即所谓集军、政、会、民为一体的“总力战”。在这一方针指导下，日军先后调集七万余兵力，采取“分区扫荡”“梳篦式清剿”等所谓“新战术”，对我晋察冀抗日根据地的北岳、平西地区，发动了一次秋季“铁壁合围”大“扫荡”。

我晋察冀军区在聂荣臻司令员的指挥下，运用毛泽东军事思想，采取灵活机动的战略战术，把内线作战与外线作战巧妙地结合起来，并广泛开展群众性的游击战，使敌人的“铁壁合围”接连

扑空。这次反“扫荡”斗争的胜利，沉重打击了敌人的“治安强化运动”，保卫了晋察冀抗日根据地。我当时任晋察冀军区司令部侦察科长，作为这次反“扫荡”斗争的直接参加者，对那场惊心动魄的斗争，至今回忆起来仍激动不已。

一

为发动这次大“扫荡”，日军第二十六、一百一十师团，独立混成第二、三、四、八、九、十五旅团，早在二三月间，就不断对我根据地边沿地区进行小规模的进袭、分割、封锁，并在晋东北与冀西边境建立起一条南北二百五十多公里长的封锁线。7月上旬，日军又开始向我第一、二、四军分区的易县、满城、五台、井隆、行唐、平山等地发动连续进攻。

7月下旬，敌人又在石家庄、正定、娘子关、寿阳、盂县、五合、广灵、浑源等地集结了大批部队，还在铁路沿线大修公路，挖封锁沟，建碉堡。到8月，仅在北岳、平西地区，敌人的碉堡就由二百八十三个增加到六百一十三个，公路由两千公里增加到三千公里，封锁沟由二百一十九公里增加到八百多公里。同时，他们还到处建立伪政权，强化伪组织，疯狂镇压人民群众，并大肆实行“三光”政策，制造无人区，企图毁灭我根据地。

鉴于敌情有这些重大变化，我晋察冀军区领导遂于7月22日发出了反“扫荡”训令和政治工作指示。训令下达后，各部队立即抓紧时间进行反“扫荡”准备工作，还主动配合地方武装广泛开展游击战，有力地打击敌人。第一军分区于8月1日至9日，在易县、满城间，易县、涞源间展开了大规模的破击战。九天中，摧毁敌碉堡四个、桥梁九座，破坏公路数十公里、电线杆一百余根，平毁封锁沟近百公里。第三军分区于7月底到8月9日，展开了破路、填沟和收割敌电话线活动，并主动打击敌人，先后进行大小战斗二十余次，歼敌一百零七名。第四军分区于7月下旬至8月初，进行大小战斗二十四次，歼敌三百三十余人。第二军分区第四团八月中旬，伏击从五台县城开往柏兰镇之敌，阻击从横岭增援狐峪沟之敌；第二十六团伏击从盂县城开往卜社之敌；石察绥支队在白水岭袭击搜山之敌；第十九团袭击上社之敌等，均给敌人以有力打击。

8月13日，敌人的“铁壁合围”大“扫荡”开始了。这次大“扫荡”，日伪军集中了七万余人分三步进行，第一步是“分进合击”，敌军以两万余人，分别从正太路西段和同蒲路北段的灵丘、五台、代县、繁峙等地出动，由西向东，进占冀晋两省边界的上寨、下关、高洪口、柏兰镇，上社至娘子关各点，控制恒山、五台山主峰，居高临下，逐步压缩，欲将我第二军分区和其他军分区割裂，并沿线建立据点，不断对我军进行“扫荡”“清剿”，同时向平汉线以东我第七军分区投入万余兵力，进行佯攻，使我军造成错觉，以隐蔽其主攻方向，妄图将我晋察冀军区领导机关和主力部队合围在长城两侧加以消灭。面对敌人的疯狂“扫荡”，我各部队遵照上级的指示，一面化整为零，适时分散、隐蔽，与敌人周旋，一面采取广泛的游击战，运用伏击、阻击、袭击等手段，积极打击进犯之敌。在此期间，敌人曾数度寻找我第二军分区第十九团、二十六团决战。我十九团、二十六团则避开敌主力，巧妙寻机主动打击分散之敌。同时我第四团在横岭、狐峪沟及门限石附近先后阻击和袭扰进犯之敌，我特务团和第四军分区第九区队在滹沱河南岸辛庄、建都口一带阻击北犯之敌。我第三军分区第七区队在羊山庄歼灭小股进犯之敌三十余名。我第七、九团在易县、涞水一带，结合开展地雷战，先后与进犯之敌激战五次，毙伤敌一百五十余名。由于我军广泛开展游击战，灵活机动地打击敌人，迟滞了敌人的进犯，使敌人的第一步合围“扫荡”落了空。

8月21日，军区根据第一阶段反“扫荡”的经验，发布命令，指出敌人在“扫荡”第二、七军分区之后，其主力将转向我第一、三、四军分区及平西地区。要求各部队要及时侦察敌情，加强作战准备，预防敌人突然进攻。8月23日至28日，敌人的第二步“扫荡”开始。果然，这次敌人的“扫荡”目标是我北岳、平西地区，运用的战术是“分区扫荡”敌人一面以万余人，控制我冀晋边界从南向北的纵断线，待机而动；一面以主力分别对我第一、三、四军分区和平西军分区连续进行“分进合击”和“铁壁合围”。敌人调集其在平汉线上的第二十一师团和第一百一十师团，共八千多人，对以易县类山为中心的我一分区领导机关和以水泉为中心的后方机关进行“分进合击”；敌第三十三师团和独立混成第八旅团一万五千余人，则由南向北，对以阜平、灵寿、平山三县交界处的陈家院、陈庄、六亩园为中心的我北方分局、晋察冀军区政治部、第四军分区等机关和抗大第二分校实行包围合击。8月26日，控制在冀晋边界的敌第四十一师团，独立混成第三、四旅团，共五千多人，也分别从马家庄、东峪、上社等地出发，配合东南方面进犯的敌第三十三师团、独立混成第八旅团，向以平山县蛟潭庄、古道、湾子里为中心的我军区机关及二、四分区的后方机关，进行压缩合围。在平西，敌人出动兵力合击以房山十渡为中心的我冀热察挺进军第七、九团等部队。敌人所到之处，占领要点，封锁要道，实行“三光”，企图消灭上述地区我党政军机关和主力部队。为了粉碎敌人的第二步“扫荡”计划，晋察冀军区于8月23日及时发出指示，要求各主力部队按地区范围适当分散（以营为单位）隐蔽，极力避免与敌决战，但可派出部分兵力，配合地方武装广泛开展游击战，

机动灵活地主动出击，阻击、侧击敌人的“清剿”搜山活动，袭扰敌军据点，破坏交通运输，迟滞、疲惫、迷惑、消耗敌人，掩护我领导机关和主力部队转移。同时，加强侦察警戒，严密监视敌人行动，防止敌人突然合击。转至外线的部队，则应积极向敌人据点和封锁线展开活动，平毁沟墙，破坏交通，牵制和分散敌人兵力，同内线部队互相配合，粉碎敌人的合围“扫荡”。军区的指示下达后，各部队立即投入紧张的战斗准备中。北岳区党委为了更好地落实军区指示，也于8月24日发出了《为粉碎敌寇秋季大“扫荡”的指示信》，要求各地区把粉碎敌人第二次“治安强化运动”和反合围“扫荡”紧密结合起来，要充分利用青纱帐，普遍开展群众性的游击

晋察冀军区司令部

晋察冀军区部队

战，困扰、袭击和拖垮敌人；发动群众破坏交通，积极配合主力部队打击与歼灭敌人；肃清敌探、特务，根除敌人在边区内部的耳目爪牙；武装保卫秋收，彻底坚壁清野，使敌人进入根据地以后食无粮、饮无水、用无物。

敌人第二步合围“扫荡”，首先向我一分区所在地易县娄山地区实施了远程迂回，层层合围。8月23日，敌第二十一师团从徐水出发，迂回至易县、金波、紫荆关一线，又转回进至解村、姚村，从东、北两面进行合围；24日，敌第一一〇师团一部，由保定乘车向南绕到望都，再转向西北，经完县、杨各庄进到刘家台，从南面合围过来；同日，金波之敌也进至娄山西北的苑岗和七下铺。同时在满城的敌人，也于24日由东向西北，经白堡、龙门庄向娄山进犯，形成了对我娄山地区的层层合围。8月25日，各路敌人向我发起猛烈进攻，先以炮火轰击，然后在飞机的掩护下，各路敌人同时向我进犯。在接近合围目标时，又一路变二路，二路变四路，最后分成十几路，从四面八方直扑娄山，形成“铁壁合围”。为了割断我友邻各区的相互支援，必对正太线、平汉线等，以重兵严加封锁。但当各路敌人进到娄山时，我驻娄山地区的一分区机关和第二十团、第一区队，早于24日夜间按照预定计划向外转移到煤斗店地区。我第三、六团和第三、四区队也同时跳到了外线，所以当敌人到了娄山后，除疲惫困惑之外，什么也没有捞到。向其他地区合围的敌人，也像无头苍蝇一样，到处碰壁。相反，我军在适时转移跳出敌人合围的同时，选择有利地形和时机，在敌人对我合击时的必经之路，巧妙地进行伏击、阻击，给敌人以很大打击。

8月23日，敌人合围的第1天，就先后遭我教导团和第九区队两次伏击。24日，在干河、南城寨、滩子、红姑娘、沈家庵等地，又遭我第七、九、二十团的袭击和伏击。8月27日，敌六百多人从平山县温塘出发，分两路北渡滹沱河，当敌渡至中流时，分别遭我第八区队和第五团的猛烈打击，敌人狼狈逃回。

总之，敌人在第二步合围“扫荡”中，始终处在我抗日军民的夹击和打击之下，最后又以失败告终。

二

8月29日至9月6日，敌人倾巢出动，又开始对我军进行第三次合围“扫荡”。敌军首先对以阜平为中心的沙河两岸地区和以蓬头、小峰口为中心的平西地区，进行多纵队多梯次的大合围，企图以重兵同我军进行最后决战，一举消灭我晋察冀党政军机关和主力部队。

反“扫荡”以来，军区机关一直只有一分区一团留在中心区，这既是指挥全局的需要，也是为了吸引敌人，以便主力部队和各军分区部队跳到外线作战，打击敌人。8月下旬，当敌人第三步“扫荡”向纵深发展时，为了指挥方便，军区机关开始由阜平县娘子神向西南方向转移，27日夜到达马驹石村时，遭到敌人飞机的轰炸，当场死亡七人。为了进一步观察情况，军区在这里停了四天。8月31日，情况发生了很大变化，除西线、北线的敌人仍在原合围地区进行反复“扫荡”外，合围一分区的敌军，分两路进到涞源县的银坊、齐家佐；合围

三分区的敌军到达阜平县的迷城、五丈湾；合围四分区的敌军，占领了团泊口、陈庄、岔头、口头一线，并有一股敌军已绕道快进到平阳。这样，三方面的敌人，距我军区机关所在地马驹石只有二十五公里左右，平阳一路只距十多公里。因此，军区首长马上决定率领机关南渡沙河，跳出敌人的合围圈，转向四分区的西部去。傍晚我们出发了，过了沙河走了四十多公里到达马兰，遇上了准备北渡沙河的中共中央北方分局和北岳区党委机关，他们说沙河以南地区的敌人已集结，设下了层层包围圈。显然，敌人是要在此与我决战。面对这种情况，如我仍继续向西南转移突围，则要冒更大危险。军区首长当机立断，决定停止南下，军区机关和北方分局、北岳区党委一起折回沙河以北，首先摆脱当前的不利地位。于是9月1日，我们走了一夜，二渡沙河转移到阜平县城以北三十公里处的雷堡。在这里我们又遇上了先转移来的边区政府机关。这样，在这个地区的我党政军机关和部队已达四千多人，还有北方分局党校、北岳区党校、抗大二分校等单位，总共有近万人。

中午刚过，我军便遭到敌机连续轰炸、扫射。侦察员已接连报告，情报站的电话一个接着一个地传来，东面敌人已到达距雷堡只有五公里的柏崖石南面马棚、温塘一线；西面敌人已占领安子岭，距雷堡只有十公里；北面敌人已进到距雷堡只有一山之隔的段庄。我们摆脱了沙河南岸敌人的合围，又陷入了沙河北岸敌人的包围圈，而且目标已经暴露。敌人封锁很严，逼得很紧。当时，如果我们全是战斗部队，应付这种情况困难不大；如果只是我们军区司、政机关，也比较容易处置。可是，现在此地有男男女女、老老少少将近万人，而且还带有许多辎重马匹和其他物资，在这种情况下，一旦遭敌人合击，不仅仗不好打，行动也不方便，其后果是不堪设想的。

敌人的飞机又擦着山头轮番低空侦察，轰炸，周围的枪炮声也越来越近，越来越密集，情况十分紧急。此刻，摆在军区首长面前最迫切的问题是如何设法迅速跳出敌人的包围圈。正在这时，警卫员突然跑过来对我说：“罗科长，聂司令员请你去一下。”我立刻意识到一定有重要任务，拔腿就向聂司令员住地跑去。

这时天色已晚，我走进一间低矮的小屋，屋内点着一支蜡烛，墙上挂着地图，聂司令员正在和几位领导同志商议决策，见我来了，他转过身来问我：“有什么情况吗？”我回答后，聂司令员像平时一样，十分沉着地对我说：“边区领导机关在反‘扫荡’开始时留在中心区，这是指挥全局的需要，也是为了吸引敌人，好让我们的主力和各分区的部队跳到外线打击敌人，现在这些目的都已经达到了，但是我们还要继续设法拖住敌人，要想法做到像毛主席在《论持久战》中讲的那样，我们要把敌人的眼睛和耳朵尽可能地封住，使他们变成瞎子和聋子，要把他们指挥员的心尽可能地弄得混乱一些，使他们变成疯子，用以争取自己的胜利。”最后聂司令员严肃地对我说：“从现在起，把敌人拖住的任务就交给你了，当前的情况你是知道的，再让边区领导机关吸引敌人是有点不利了，敌人已经从军区电台的方位上，侦听到我们的位置，他们就要对这个地区进行合击，因此，我们研究结果，决定今天黄昏后党政机关开始向阜平县城以西的常家渠转移。”说到这儿，他伸手指了指地图上的常家渠，这里距雷堡有三十多公里，靠近五台山边界。他稍停了一下，又加重语气继续说：“敌人既然侦察到我们的位置，我们就将计就计。你们的任务是，利用电台诱敌坚定攻击的决心，掩护机关转移。从今天开始，军区所有电台暂时停止对外联络，由你带一个侦察排，一部电台，在机关向西转移的同时留在雷堡东边不远的台峪，架起电台，仍用军区的呼号，不断和各方面联系。给敌人留个空中目标，让他们向你们几十个人合击，把他们拖住。”听了聂司令员这个巧妙的决策，我简直抑制不住心中的敬佩和激动，没等他说完，便接了上去：“对！”司令员满意地点了一下头，脸上露出了微笑。接着他又用十分关切的口吻说：“这是个艰巨的任务，也是个特殊的任务，你们一定要做到即使敌人向你们合击，又要叫他们合击扑空；既要让敌人跟着你们走，又要叫他们追不上。这样，你们的处境将特别危险，稍有不慎，就会吃亏。”

“请首长放心，一定圆满完成任务，保证不会吃亏。”我说完就转身往回跑。

三

回到侦察科，我立即按照聂司令员的指示，组织起一支由通信、机要、侦察等人员参加的五十多人的小分队。当大家知道了我们的任务之后，无不欢欣鼓舞，一致表示坚决完成这一光荣的任务。电台的一个小鬼打趣地说：“司令员可真想得妙，用我们的电台指挥起敌人来了。”侦察参谋廖明证，是个知识分子，他斯斯文文地接上去说：“有什么武器打什么仗嘛！现在我们有无线电台，因此，司令员便从空中投下一条无形的绞索，要用电波来套住敌人的脖子。”

入夜，边区各领导机关在聂司令员的指挥下，擦着段庄的南山脚，从离敌人不足五百米的空隙中，神不知鬼不觉地向西走去。我们的小分队，同时也向着相反的方向出发。这里的地形我们熟得很，不用看地图，也不用找向导，不到两个小时便赶到了五公里以外的台峪。

到了台峪，得悉最近的敌人是住在大石门，我们一边迅速向四周派出警戒，控制了道路和山口；一边把电台在台峪附近一个叫井儿沟的小庄上架起来，立即开始工作，用这个“空中目标”先拢住敌人，然后我带领着其余的人，向大石门后面的大山奔去。

登上山顶一看，只见山下的河滩上，敌人煮饭燃起的野火足有五公里长。侦察队的刘大明副队长，一见敌人如此嚣张，便对我说：“科长，让我带几个人去干他们一家伙，煞煞他们的凶气！”廖参谋也插话说：“对，再来个地面暴露，就有可能把鬼子的脖子全套住。”我觉得这些意见很有道理，就让他们俩带侦察排一部分人下山去袭扰敌人，并要他们造成一种企图突围的架势。如果敌人火力一展开，立即撤回来。他俩马上把侦察员们分成几个小组开始行动。

不一会儿，燃烧着野火的河滩上，同时从几个地方响起了一阵密集的手榴弹爆炸声、枪声和喊杀声。顷刻间，火堆旁人影乱窜，接着传来日本兵惊慌失措的喊叫。一阵混乱过后，敌人的轻重机枪、步枪一齐扫射过来，掷弹筒也满山爆炸。刘副队长和廖参谋立刻又装成突围不成的样子，带领侦察员们迅速撤了回来。这一下，敌人把我们的“空中目标”和“地面目标”都捕捉到了。

9月2日天刚亮，好几架敌机便出现在台峪上空，轮番轰炸扫射。与此同时，日军的炮弹也纷纷向台峪飞来。一霎时，台峪和周围的大小山头、山沟、隘口，到处黑烟滚滚，炮声隆隆。这时我们已转移到台峪东北面一个险要的山嘴子上，炸弹和炮弹不断在我们身旁爆炸。硝烟和尘土虽然呛得大家不好喘气，但有的同志却意味深长地说：“让日本鬼子来炸吧，他越炸得厉害，咱们心里越高兴。”是啊，当时我们每个人的心情，确实是这样的。电台那个小鬼，这时一声不响地摇晃着脑袋，手指飞快地按着电键。我一面督促大家注意隐蔽，一面却在想：为什么还不见敌人的步兵呢？莫不是敌人琢磨出什么味道来了？难道敌人已经识破了我们的意图？下午，敌军七千多步兵，从段庄、石门、柏崖等地分头向台峪压过来。透过望远镜可以清楚地看到，敌人摆出一副“决战”的架势。在离台峪还有一两公里路时，突然一路变成两路；再往前走，两路又变成四路，剃头似的漫山遍野搜索着。那种多纵队、多梯队的严密程度，确像“铁壁”和“梳篦”。当他们快接近台峪村时，忽然又原地停了下来构筑工事。一直沉默着的廖参谋，看着这些情形，幽默地说：“咱们成了参观团了。”敌人一直磨蹭了好几个小时，才开始向台峪逼近（事后才知道，他们是因为从平阳来的一路部队没有赶到，唯恐我们乘隙突围，所以不敢贸然进占台峪）。天已近黄昏，有一股敌人忽然加快脚步，跑在最前面，看样子是想独获首占台峪的大功。这时候，一个问题突然在我脑子里掠过：我们把合击的敌人引向自己的任务已经完成，但如果我们一枪不发让敌人进占台峪，就有可能使他很快清醒过来。这样，想继续拖着敌人走，让领导机关安全地跳出合围，就会出现困难。

我军进行灵活多变的“麻雀战”

要是我们能在敌人未彻底清醒之前，再来一次“地面暴露”，迎头给他一棍，那就有可能使他继续追下去。“要把他们指挥员的心尽可能地弄得混乱些，使他们变成疯子。”聂司令员给我们讲过的这句毛主席的话，我在此时此地回味起来，越发觉得有着深刻的意义，得到莫大的启示，便立刻要刘副队长带领一部分人迅速插到台峪，给抢先的敌人一个突然打击。等刘副队长他们完成任务返回来，我们立即乘着敌人惊魂未定，离开了台峪，继续东进。

我们向东走，日军主力一部果然也跟上了我们。为了继续迷惑敌人，我们除不断架起电台向各方“联系”以外，还在沿途故意用许多不同的番号贴路标，有时还丢下几张不关重要的字纸。同时，我们在路上还收容了其他单位一些零散人员，队伍也增加了。这一带的群众都认识我们，见了就问：“罗科长，咱们司令部又回来啦？”我也就顺口答应：“回来啦！”于是军区机关向东走了的消息，自然就越传越神了。

敌人虽然被我们吸引过来一部分，但整个反“扫荡”的进展如何，边区领导机关是否又会遭到敌人的再次合击这些问题，不断地在我头脑里翻腾着。9月4日，我们到了唐县的合家庄，派人到山顶找到事先架设的秘密电话线，接上电话单机，叫通了常家渠附近的情报站，我随即和军区机关通了电话。从电话里，知道边区各领导机关这两天都安全地隐蔽在常家渠一带，他们不露烟火，不露行迹，使敌人无从察觉。电话里还说聂司令员非常关心我们这支小分队的行动，表扬我们任务完成得很好，并要我们继续拖住敌人、迷惑敌人。

打完电话，心里顿时感到轻快了许多。军区的电台虽然暂时停止发报，但军区首长还是用电话照常指挥着全区的反“扫荡”。聂司令员很早就非常重视情报、通信工作的建设，他经常指示我们说“扫荡”与反“扫荡”将是抗日战争第二阶段的主要作战形式；要取得反“扫荡”的胜利，最重要的是依靠广大人民和根据地有利的作战阵地。他说我们的情报、通信工作，也必须和广大的人民群众结合起来。遵照他的指示，根据地内建立了一套完整的通信情报网，许多重要村庄设情报站，基本群众都是情报员。电话线有公开的，有秘密的，有平时用的，有战时用的，群众千方百计地保护着全区电话的畅通。现在，这些终于发挥出它应有的威力来了。敌人合击台峪扑空后，仍试图在沙河两岸寻找我领导机关和主力部队，于是把主力两万多人分成了三个集团，分别集结在台峪、合家庄地区和阜平城、王快、龙泉关、城南庄地区，以及团泊口、陈庄、岔口、口头地区待机；同时不断派出小部队，在各集团之间穿梭搜索。敌机还多次在我党政军机关驻地常家渠顺着山沟低空侦察，但由于我们隐蔽得好，敌人什么也没有发现，而我们的新闻电台则收到敌人在北平发出的一段可笑的广播，说什么“聂总部”的电台已被“英武皇空军”的勇士炸毁了，今天已是第三天听不到“聂总部”电台了，等等。我们小分队完成了第一阶段拖住敌人、迷惑敌人的任务后，到达唐河边与第三军分区司令部会合。以后，又按照聂司令员的指示，一面迅速查清西大道的敌情，一

面继续设法牵动敌人，迷惑敌人。

敌人虽然被我迷惑，但情况仍然十分严重，因为集结在阜平地区及东西大道上的敌人主力，距我领导机关隐蔽地区的前哨部队仅有五六公里了，敌人派出了小股搜索部队，常常同我哨兵只隔一个山头。长久隐蔽很困难。特别是党中央、八路军总部和各军分区的电台无时无刻不在呼叫，而军区的电台则为了隐蔽不能回答，这种情况延续下去显然是不行的。因此，军区机关必须迅速离开，转移到有利的机动位置上去。

为使转移行动灵活轻便，军区决定，除分局、边区政府与北岳区党委等主要领导同志随军区指挥机关一起行动外，其余人员均分别向几个不同方向分散转移。军区机关仍按原定计划转向四分区西部滹沱河两岸地区机动。9月5日黄昏，部队集合出发了，走了三公里左右，便发现从阜平县城出动之敌企图沿东西大道向西开进，我军如再继续前进，必然要和敌人遭遇。所以军区首长随即令各部队返回原地。继续隐蔽。

9月6日黄昏，部队再度出发，但又发现由阜平西进之敌都宿营在西大道上的法华、安子岭、东西下关、大教坊一线村庄，堵住了我军西行路线，我们的部队只好又返回常家渠。

9月7日，经侦察发现龙泉关方向有几个小口子，夜晚没有敌人把守，于是我领导机关和部队数千人马才乘夜从龙泉关顺利冲出了敌人重围，这就是人们以后常说的“三进三出常家渠”。

我领导机关经过三进三出常家渠，摆脱了敌人的合围。至此，日军动用七万多兵力的三步“铁壁合围”，被我彻底突破，我晋察冀边区党政军领导机关和主力部队均先后安全转移到了外线和深入到敌后，寻机打击敌人。

四

在领导机关和主力部队冲破敌人“铁壁合围”的转移过程中，我军先后转移到外线或分散到外线的部队、游击队和广大人民群众，与内线反“扫荡”斗争密切配合，乘敌人后方空虚，广泛开展游击战，也给了敌人以狠狠打击。

8月25日，我二分区、四分区，在五台城以北伏击了由大峪口向豆村进犯之敌；27日，我一分区侦察营在崂山、东部地区阻击了由姚村、解村出动之敌，均给敌军造成很大损伤。8月28日，日军两千五百多人企图合击两岔山区，我五团一个连分散隐蔽在约二十五公里长、两公里宽的一个山岗上。29日，当敌人进到两岔山区时，我隐蔽在山岗上的战士立即开火，打乱了敌人的阵脚。接着，全连分成七八个战斗小组，用“麻雀战”，到处开火，声东击西，进一步迷惑敌人。敌人以为围住了我军主力，于是盲目地从四面八方调集兵力向山岗上猛攻。我小分队则趁机转移。各方敌人攻到山岗时，才发现是自己打了自己，死伤一百余人。

8月29日，我三分区二团乘敌人后方兵力薄弱之机，突然行动摧毁了位于望都到唐县的常早据点，歼灭日伪军一部。9月3日，我二分区寿阳县基干游击队和公安人员，在正大路芦家庄至段廷间，袭击了敌人运送物资的火车一列，炸毁火车头一个、车皮五节和装载的坦克一辆及大批物资。根据地各地民兵也积极展开了斗争。有的突袭敌军住的村庄，有的袭扰敌人据点，有的破坏敌人交通，有的在敌人必经之地埋设地雷，阻击敌人的行动等，配合主力部队不断给敌人以打击。平山县洪子店民兵二十天就摧毁敌伪组织八个，捕捉汉奸二十多人。还有一个村庄的民兵，持铁锹伏击敌人，打死敌军官一个，敌兵五个，活捉三个日本兵。平山县来汤崖一带民兵，利用有利地形开展“麻雀战”，先后歼敌六十多名。所以，日军当时曾惊呼，晋察冀边区的民兵同八路军有同等重要的意义。

晋察冀是个老根据地，广大群众早已发动起来，组织起来，武装起来。因此，反“扫荡”一开始，广大群众就马上和军队一道同“扫荡”之敌展开了顽强的斗争，坚壁清野，站岗放哨，除奸反特，支援前线，抢救伤病员，并积极向我军报告敌人动向，主动为我军当向导。所以我军作战不用地图，在狂风暴雨的夜里也不会迷失方向。给养、弹药、医药到处都可得到补给，伤病员能及时救治。冀中军民为配合山区反“扫荡”作战，发动了大规模的交通破击战，在平汉、石德线上积极开展了炸车行动，炸毁了由保定开出的列车，使平汉铁路一度中断。

为了配合晋察冀军区的这次反“扫荡”作战，一二〇师、一二九师的部队，在八路军总部的统一命令下，也连续向敌展开猛烈的进攻。一二九师于8月31日发起了邢（台）、沙（河）、永（年）战役，经过三昼夜激战，攻克敌据点八处，碉堡五十三个，歼灭日伪军一千三百余人。冀南军区的部队先后攻克广平、隆平、南和、沙河、清河五座县城，歼灭了大量敌人，缴获大批武器，并破坏了清河至王官屯段公路。一二〇师部队也接连袭击同蒲路北段之敌，攻占了忻口镇和宁武车站，歼敌大部，破坏了铁路。

经过两个多月的艰苦奋战，敌人对我晋察冀抗日根据地的“铁壁合围”大“扫荡”被彻底粉碎。在这次反“扫荡”中，我北岳和平西地区的部队先后同敌人进行了大小战斗八百多次，毙伤敌五千五百多人。民兵作战，仅北岳区就毙伤敌军四百八十多人，俘敌三十人，破坏敌交通线八百多公里。在边区军民的英勇抗击下，敌人的企图再次成为泡影。组织指挥这次“铁壁合围”大“扫荡”的日军最高指挥官冈村宁次，最后也不得不承认“肃清八路军非短期所能奏效”。

（本文作于1987年，由由八路军太行山纪念馆供稿）

回忆邢沙永战役

文/何正文

何正文参谋长（左一）与战友交流

邢沙永战役，是八路军一二九师以三八五旅为主于1941年8月底至9月初在河北省的邢台、沙河和永年地区发起的继“百团大战”后的一次较大的战役。

1941年3月底和7月间，日军在华北实施了两次“治安强化运动”，对我太行等抗日根据地不断进行“扫荡”“蚕食”并在平汉路西侧构筑了两道封锁线，以割断我太行山区与冀、鲁平原的联系。面对日趋严峻的局势，8月下旬，我一二九师刘伯承师长、邓小平政委根据八路军总部命令，为配合晋察冀军区反“扫荡”，打通太行山区与冀鲁平原的交通，粉碎敌人的封锁，决定发起邢沙永战役。

邢台和沙河，由北向南依次排列在平汉路上，永年（指旧永年）坐落在沙河东南方向约三公里处。邢沙永地区，毗邻太行山根据地，所以敌人进行了重点设防，重点守备。1940年3月以后，日军沿铁路两侧强迫当地群众挖了宽六米、深三米的“护路沟”，在邯（郸）、沙（河）段，由原来的两条增到六条，并以挖沟的积土，筑成高约三米的“护路墙”。在接近我抗日根据地的地段，还筑了长一百多公里的封锁沟和封锁墙。在沟墙之间，还加设鹿砦、木栅等障碍物。从邢台至沙河的铁路线上，每隔一公里至三公里筑一碉堡，由日伪军守备；各碉堡之间，每隔近百米筑一哨房，迫令“爱护村”的民众看守；夜间张挂马灯，不断递呼联络口号，递传签名票单，如发现联络口号、签名票单中断或马灯熄灭，即认为我军来袭或人员通过之信号，敌人便立即出动装甲车，并用探照灯照射。此外，日军每隔半小时到一小时巡路一次，以防我军破坏与通过。面对敌人的严密封锁，我一二九师能否在邢台、沙河地段打开缺口，建立游击走廊将直接关系到晋冀鲁豫边区抗日根据地的巩固和发展。

在沙河以西，还有一座冀西有名的煤矿——公司窑（当地又叫老狼沟）。这座煤矿西接太行山，东邻平汉路，位于太行山到冀南的交通要道上，其军事、经济地位都很重要。可是，它却被伪军高德林部所霸占，成为日伪军封锁太行山区的一把“锁”，也是我太行山抗日根据地军民到路东的一块绊脚石。我们不少过往的干部和抗日群众，就是在公司窑一带被捕并惨遭活埋的。

高德林，原是国民党第二十九军的一个团长，全面抗战爆发后，投靠日军当上了伪“剿共第二路军”司令，其手下有三个团及特务营、军教队、矿警队等共三千五百余人。这个民族败类自1938年5月窜到公司窑后，巧取豪夺，霸占了煤矿。在日本侵略者的扶植下，煤矿部分采用了机械化作业，每天能产煤一千多筐（每筐约三百公斤），一天能赚上万元。高德林就凭此榨取民脂民膏，还自设兵工厂，制造步枪、轻机枪等武器，并恬不知耻地以自己的名字命名为“德林式”。这个大汉奸自恃有钱有枪，还有日本人做后台，横行乡里，强征暴敛，无恶不作，简直成了邢沙永一带的混世魔王。当地群众对高德林恨之入骨，咬牙切齿地骂他：“高德林是条狗，死心跟着鬼子走；高德林是只狼，残害百姓祸四方；高德林是毒蛇，反动汉奸心肠黑。”日军每次对我抗日根据地“扫荡”，高德林都为其打头阵，死心塌地为日军卖命。因此，深得日军的赏识。日军不但定期为他补充弹药和各种军用物资，还给他的兵工厂提供先进的技术设备。高德林在日军的豢养下，不断强化各种伪组织，深沟壁垒，修筑公路，建立联络网，构成了以公司窑为核心，以三王村、申庄、秦庄、毛村等为重点的防御体系，对我太行山和冀南、冀鲁豫根据地，构成了严重的威胁。要摆脱当时太行山抗日根据地的困难局面，粉碎敌人的严密封锁，在邢沙永地区打开一个口子，首先要消灭日军的走狗高德林。8月22日，刘、邓首长下达了邢沙永战役的基本战役部署：以旅长陈锡联、政治委员谢富治、副旅长赵辉楼统一指挥三八五旅和太行一、五军分区部队及平汉纵队为路西破击队，担负这次战役的主要突击任务，向平汉路西侧的彭城（不含）、元氏段展开破击，重点在邢、沙、武（安）地区，特别要以伪军高德林部为主要打击目标，争取瓦解其动摇部分。在运动中给可能援助该伪军的日军以歼灭性打击。拔除日伪军所盘踞的据点，捣毁其煤矿和兵工厂，平毁该地区的封锁墙与护路沟等。为了使三八五旅集中主要兵力消灭邢沙、武安之敌，刘、邓首长还命令新八旅主力和冀南三分区部队为路东破击队，向永西、永北一带展开积极的攻势。以新一旅的两个营组成彭冶支队，对彭城、水冶公路展开破击。另以新一旅主力、新十旅和太行二、三、四军分区及太岳部队，配合

策应邢沙永战役行动。基本部署还就战斗保障（如敌情侦察、通信联络、后勤保障）、战前演习、作战时间等重大问题作了具体部署。

三八五旅旅长陈锡联接到刘、邓首长关于战役的基本部署后，又先后两次到师部受领任务，听取刘、邓首长的指示。陈旅长第二次从师部受领任务后，随即在太行山涉县的西达镇召开了有各团领导参加的作战会议，研究作战方案，进行具体部署。会上，大家深刻领会刘、邓首长的意图，认真分析了敌情、地形和部队的情况，陈旅长决心以“迂回包围、穿插分割、中心开花、各个击破”的战术手段，给高德林部以歼灭性的打击。

兵力部署是：七六九团以主要兵力突击公司窑，以一部兵力攻打申庄；十三团攻打毛村、黑山、秦庄之敌，并担负阻击增援公司窑之敌的任务；十四团攻打三王村，同时做好阻击邢台方向增援之敌的准备。会上，要求各参战部队深入细致地做好政治思想工作，充分发挥参战部队和民兵的杀敌积极性，大力开展杀敌立功运动。作战中，要发挥我军近战夜战的特长和孤胆作战的作风。利用夜色，迅速秘密地接近敌军，突然猛烈地发起攻击。各级指挥员必须跟随部队行动，靠前指挥，党员必须冲锋在前，撤退在后，要做杀敌和瓦解敌军的模范。会后，陈旅长立即向师部报告了这次作战的决心方案，很快就得到了刘、邓首长的批准

作战会议之后，为了更有把握地打好这一仗，陈旅长亲自带领参谋贾本维和旅机关的部分人员，化装成老百姓，到距敌人据点很近的刘石岗一带进行实地侦察，并对决心方案做了进一步的完善，之后又带着各团团长和各团的突击营营长到现场明确任务和组织协同。

各团对战前的各项准备工作也搞得扎扎实实，尤其是战前的侦察活动搞得更为认真，我当时任七六九团参谋长，亲自组织了侦察工作。特别是我们团的侦察英雄罗占华，在公司窑附近的维持村——佐村的一个姓崔的抗日群众的协助下，化装成商人，一直摸到高德林的老巢，把敌人的司令部、兵工厂、军需库、矿井等重要目标，以及道路、岗哨位置、明碉暗堡、封锁沟墙等查得一清二楚。在攻击发起的当天晚上，罗占华又带着二营的干部提前出发，到申庄察看地形。大家换了便衣，罗占华穿了件黑绸大褂，头戴礼帽，腰里别支“二十响”，活像个便衣探子。他们穿过草丛，绕小道往申庄前进时与敌两个情报人员相遇，罗占华急中生智，几句对话，不仅使敌情报员将他认作自己人，而且还把他当作高德林特务营的“李队长”。罗占华和二营营长张效义将计就计，机智地从两个送上门来的“舌头”口中套出了许多关于敌人兵力部署、火力配系、工事构筑等情况。在进行敌情侦察过程中，当地抗日组织、游击队和人民群众也给予积极的配合，提供了大量真实可靠的情报，从而为战役的胜利创造了有利条件。

参战部队还抓紧时间开展紧张的战前练兵，有针对性地演练了破障和对碉堡守敌的进攻。各部队都构筑了类似守敌的碉堡，设置了铁丝网、鹿砦、拒马桩等障碍物，研究了破障的办法和攻敌

碉堡的各种战术手段，通过严格的训练和近似实战的演习，使参战部队的军事素质又有了进一步的提高。经过紧张、周密的准备，参加战役的部队按刘、邓首长的决心部署开始了战役行动。8月30日凌晨，攻打高德林伪军的部队经过连续一昼两夜的行军，隐蔽地到达了小南沟一带集结。小南沟是太行山麓的一个小村庄，距高德林的老巢还有二十多公里。翌日下午3时，部队和参战的民兵，分三路向进攻阵地开进，途中在刘石岗短暂地集结和调整后，就像尖刀一样，分别插向各自的攻击目标。

秋天的夜晚，微风带着阵阵凉意。旷野，黑沉沉的，除了偶尔听到一两声犬吠外，一切显得那么静谧。但我参战部队广大指战员的心早就沸腾了。31日午夜，参加战役的所有部队，神不知鬼不觉地按时进入了预定位置，旅指挥所设在七六九团侧后约三公里处。

按照旅首长关于“中心开花”的战术手段，七六九团在团长郑国仲、政委鲍先志的率领下，迅速地插到了公司窑附近。郑团长来到担任突击任务的三营，再一次给营长马忠全、教导员吴先宏明确任务。当一切布置妥当之后，时针正好指在12时，攻击时间到了。只见三发红色信号弹腾空而起，划破漆黑的夜空，七六九团的突击连——十一连在向导老崔的带领下，顺利地剪开了一矿的铁丝网，连长赵登陆带着突击排，迅速地摸到碉堡跟前。说时迟，那时快，矿警的报警枪刚一响，突击连的同志们在散布成三角形的三个炮楼跟前，闪电般地把手榴弹投掷或塞到敌炮楼里，接着就冲了进去。负责警卫一矿的伪军有的在睡梦中就上西天，有的刚被惊醒，连衣服都来不及穿就当了俘虏。十一连充分发挥了近战夜战的特长，仅用十多分钟就占领了一矿。随着公司窑战斗打响，方圆几十里地区立即响起了密集的枪声。震耳的爆炸声，打破了沉寂的旷野。

攻下一矿之后，三营副营长张林先又率领十一、十二连和被誉为“夜老虎”的特务连顺西北大街攻打高德林最坚固的兵工厂；教导员吴先宏带着九、十连朝二矿猛扑过去。但是，由于高德林伪部在公司窑构筑了许多互相贯通的工事，固守的又是伪特务营、军官队、矿警队等装备比较精良的伪军。这一千多亡命之徒，大都是高德林的死党，他们凭借着坚固工事顽抗，拒不投降。三营和配属该营的特务连，一直打了三个多小时，也没有攻下来。面对这种情况，特务连指导员欧阳济心急如焚，他大声喊道：“共产党员跟我上去！”带头冲上去，不幸被敌人的一颗子弹击中，献出了自己宝贵的生命。战斗进行得异常艰苦激烈，一直持续到拂晓，兵工厂仍未攻下。如果天亮前不拿下它，天亮以后攻打就更困难了。而且，日军随时都有向这里增援的可能。在这关键时刻，团政治处主任漆远握赶到十一连。十一连是我团在夜袭阳明堡日军飞机场战斗中涌现出来的英雄连队。漆主任来到十一连后，立即号召大家发扬夜袭阳明堡的战斗精神，一定要在天亮前拿下兵工厂。同时帮助赵连长重新组织战斗，把几个连队的掷弹筒、轻机枪集中起来，准备向敌人发起猛烈攻击。就在漆主任刚把火力组织好时，忽然从村西大碉堡上射来一串子弹，击中了他的胳膊，鲜血把他的半边

身子都染红了。战士们忙给他进行包扎，并将他扶上担架，但漆主任强撑着身体，忍着疼痛喊道：“赵连长，掷弹筒一响就冲锋……要为十一连争光……”话还没有说完，就昏迷过去了。

掷弹筒发射了，机枪怒吼了，敌人的火力被压下去了。

“为十一连争光，冲啊！”赵连长高呼着口号，第一个登上梯子，翻过围墙，战士们紧跟在连长的后面，像一股旋风，冲进了兵工厂。

接着特务连也攻占了澡池。

十一连冲进兵工厂后，战士们见到里面堆放着各种机器，以为是挖煤机，他们一边搜剿残敌，一边安上炸药，准备将其炸毁。赵连长见此情景，立即制止大家不要鲁莽行动。因为赵连长知道，在战役发起前，团首长有交代，要将敌人兵工厂的机器完好无损地运到太行山抗日根据地。于是，他大声对战士们说，这可能就是造枪的机器，在没有搞清楚是什么机器之前，希望大家保护好，一个零件也不能损坏，待请示报告后再处理。同时派人进行严密保护。恰好刚从延安来的知识分子、曾学过机械的训练参谋蒲锡文同三八五旅供给处副处长李小五来到现场，确认是造枪的机器。于是我们很快动员组织了一支由参战民工、矿工、当地群众组成的搬运大军，把兵工厂的机床、零件以及一些步枪、机枪半成品，完好无损地搬运到太行山根据地。这对当时只有些简单机械的黄崖洞兵工厂来说，真是如获至宝。后来，八路军后勤部部长杨立三在一次后勤工作会议上说：“三八五旅完好无损地缴获敌人一座兵工厂，为抗战立了一大功。”

攻下煤矿后，矿井下还有六百多名工人兄弟。这些矿工，受尽了高德林的盘剥，吃尽了人间的苦。我团政治处的同志，不顾危险，下到一千五百多米深的矿井下，逐条巷道通知正在作业的矿工。升降机不断地转动着，经过三小时的努力，井下的矿工全部上到井面。矿工们紧紧握住战士们的手，激动地说：“高德林不把我们当人看，八路军待我们却胜过亲兄弟。”许多矿工当场报名参加了八路军。矿工们撤离煤矿后，随着几声闷雷般的巨响，我们将日伪军用来榨取人民血汗的公司窑煤矿彻底炸毁了。

经过一天一夜的激战，公司窑大部分敌人已被我七六九团一、三营消灭，但藏在村西头碉堡内的一股残敌，仍凭借坚固的工事顽抗。

一营营长李德生同教导员王亚朴，立即重新调整部署，命令一、三连从正面进攻，二连从右侧迂回，向残敌发起猛烈的攻击，冲在最前面的是一连“朱德青年队”，当占领敌野战工事后，小队长肖术英左腿负了重伤，但他仍然坚持着伏在交通沟边，射击战士赵玉才要扶他下去，肖术英说什么也不肯。他把剩下的一排子弹交给小赵，再三叮嘱：“一定要瞄准后再打，一枪要干掉一个敌人。”赵玉才接过染着战友血迹的子弹，压进枪膛，瞄准敌炮楼的枪眼，一连打倒四个敌人，当他把第五颗子弹上膛时，从左前方飞来一颗子弹，打穿了他的左肩。他忍着剧痛，把枪架在一块石头上，在火光的映照下，射出第五颗子弹，又打倒了一个敌人。

与一连一起担任正面攻击任务的三连，在连长李忠泰的带领下，冒着敌人

十三团团长陶国清

八路军一二九师三八五旅旅长陈锡联

我军正在拆卸高德林公司的兵工厂

射来的密集枪弹，发起了一次又一次地攻击。当他们看到二连遭到敌火力拦阻时，著名战斗英雄、排长李长林立即端起机枪射击，压制敌人火力，掩护二连从翼侧攻击。不料，当二连从右侧迂回上去后，又被一道铁丝网阻拦住了去路。二连指导员许道春高喊道:“共产党员上！”随着许指导员的喊声，共产党员苏建英飞奔上去，但刚向铁丝网劈了两下，就壮烈牺牲了。紧接着又一名共产党员冲了上去。就在铁丝网快要砍开的时候，又不幸负了重伤。第三个共产党员毫不迟疑地又冲了上去，在火力的支援下，终于把铁丝网砍开了。三位优秀共产党员，用他们的生命和鲜血打开了一条通向胜利的道路。许指导员带着二连闪电般地冲了上去。许指导员不仅善于做思想政治工作，而且还是全营有名的投弹能手，他用手榴弹把炮楼顶上的敌人全压到下边去。二连在一、三连的有力配合下，一鼓作气攻占了最后几座坚固的炮楼。

在公司窑战斗打响的同时，我七六九团二营也向申庄发起了攻击。申庄位于公司窑北侧约三公里处。这个据点虽不大，但由于它居于东南面的三王村和西北面的毛村两个据点之间，攻下它既能分割敌军部署，又能切断公司窑守敌的退路。二营营长张效义和教导员张天恕受领任务后，决定让八连担任突击连。该连在连长伍国忠的带领下，从敌人认为“最保险”的东北角登上了围墙，很快就摸到敌人的机枪工事前。敌机枪手发觉不妙，刚要扣动扳机，就被我军用手榴弹给解决了。正当八连继续往前行进时，敌军一排长带着一伙伪军，从房顶上搭跳板反扑过来。战士李明月看得真切，最先扔出一颗手榴弹，随着爆炸声响，几个敌人栽了下去。但也有七八个敌人从跳板上冲了过来，与八连突击班交错在一起。当时，八连用的枪大多是“奉天造”，没有刺刀，伍连长和三班长他们就抡起枪托与敌人肉搏。三班长凭着过硬的功夫和勇气，接连把冲到跟前的三个敌人打翻到房下，其余的见势不妙，抱头就往下跳。敌人搭好的跳板，这时成了八连一排勇士们前进的道路。一排顺着跳板从房顶上向前进攻，二排沿小巷攻击前进，很快就占领了大半个村子，将敌人压缩到村西南一个大炮楼内。这座炮楼，四周是一片开阔地，敌人还设有铁丝网、壕沟等障碍，很难接近。当时，部队又缺乏重火器，一时拿不下来，于是张营长命令部队一面进行土工作业，一面向敌人展开政治攻势。战士们向炮楼里的守敌大声喊话：

“伪军弟兄们！我们都是中国人，不要给日本人当走狗！”

“伪军弟兄们，你们快缴枪吧，八路军宽待俘虏！”

开始喊话时，敌人没有答话，仍不断向外射击。一个当官的，还拉大嗓子，色厉内荏地叫着：“打！快打！别听那一套，八路军的话是骗人的。”听到敌人当官的这一腔调，八连指导员唐兴盛立即用洪钟般的声音喊道：“伪军弟兄们，不要再受欺骗了，八路军宽待俘虏，不杀不辱。前年7月，我们打东牛峪崔培德的第七团，团长叫袁全卿，外号叫‘袁老粗’，他自动缴枪，我们没动他一根汗毛；去年打刘石岗，你们二团好多弟兄负了伤，高德林扔下不管，是谁给他们扎绷带、上药的？还不是我们八路军把他们救活的。”

唐指导员这一喊，顿时生效，枪声渐渐稀疏了，炮楼内传来叽叽喳喳的议论声。一个伪军试探地问："刘石岗是你们打的？"

张营长见敌人已经动摇，马上高声回答："伪军弟兄们，刘石岗是我们打的。你们别再磨时间了，煤窑、兵工厂全被我们占领了，秦庄、三王村也被我们包围了，你们想等援兵，那是白天做梦。快缴枪吧，不然我们就要下炸药啦……"

听到要下炸药，敌人更慌了，炮楼内一片混乱。

我军战士在营长喊话之后，又齐声喊道："快缴枪吧，不然炸药一响，你们连尸首也找不到啦。"

"这次来的是老八路，老八路是没有打不下的碉堡的！"

伪军官在我强大的军事和政治攻势下，只好无可奈何地说："要我们缴枪，有三个条件：一、保证生命财产安全；二、我们回家或是当八路军，由我们自愿；三、请你们长官出面保证。"

二营张营长听到这番话，驳壳枪往腰里一插，就要跳出掩体与敌人搭话。站在一旁的通信员怕这是敌人的阴谋，一把拽住营长。张营长此时想到的不是个人的安危，而是尽快地结束战斗，消灭敌人。于是，他挣开通信员的手，挺身而出，大声说："我就是营长，你们提的三个条件我同意，快缴枪吧！"

敌人被征服了。上午11时许，残存的八十九个伪军被迫投降，五挺崭新的"德林式"机枪和一些"德林式"步枪，全部成为二营的战利品。

就在我七团攻打公司窑的同时，十四团在团长孔庆德、政委赵兰田指挥下，向三王村发起攻击，战斗也打得非常紧张激烈、扣人心弦。三王村在公司窑以东约三公里处，是离平汉路最近的一个据点，也是高德林防御体系的重要依托。村内驻有伪军一个团部带一个营，筑有九座碉堡，村周围挖有封锁沟，设有铁丝网、防御得很严密。

十四团一、三营利用夜色的掩护，秘密迅速地接近敌军，发起攻击后，很快就突入村中，与敌人展开了激烈的巷战。战至天明，攻入村中的三营与后续梯队的一营遭敌火力分割，只好依托房屋固守，阻敌反扑，暂与敌人形成对峙局面。9月1日傍晚，一营又投入战斗，与三营会合后，便向三王村内守敌的核心阵地发起攻击。很快占领了村东和村西的部分房屋。守敌拼命抵抗，多次进行反扑，均被一、三营击退。为了迷惑敌人，团长孔庆德组织参战民工呐喊助威。四处响起了乒乒乓乓的鞭炮声和各种铁器的敲打声，敌人以为我后续部队到来，灭顶之火就在眼前，惊恐万分，士气低落。我军趁机一举攻占了大半个村子。进攻中，三营营长钟明锋不幸负伤，当担架队要抬他下去时，钟营长对卫生员说："任务还没有完成，我身为营长，此时此刻怎么能离开战场呢！"经过简单地包扎之后，他又带领部队相继消灭了敌特务连和通信连。一营二连在进攻中，由于敌人凭借碉堡顽守，多次冲锋未能奏效。战士们急中生智，将棉被浇湿后顶在头上，强行突击到碉堡底下，然后从枪眼往碉堡内塞手榴弹，接连攻克两座碉堡。三连在村南面进攻，很快就打垮了敌人一个迫击炮连，缴获八二迫击炮一门。在十四团一、三营的打击下，敌见大势已去，负伤的敌营长

杨光前率残部投降。十四团的二营，在一、三营打响后，也很快攻下了东冯村，击溃了敌骑兵连，随即抢占了附近的凤凰山一线，准备阻敌增援。中午，驻赵洒水日军乘五辆汽车，火速赶来救援，又遭二营迎头痛击，敌人狼狈溃逃。9月2日，日军又重新组织兵力向我军反扑，此时三王村战斗已接近尾声，主力奉命转移，只留一名党员班长带领四名战士掩护主力调整部署。这个班在凤凰山与敌对峙了整整一天，击退敌人三次冲锋，使这股敌人始终不能前进一步。

参加这次战役的十三团，在团长陶国清、政委曾庆梅的率领下，按照陈旅长的部署，兵分两路，一部攻打毛村、黑山之敌，另一部进攻秦庄。攻打毛村、黑山之敌的部队，在极为不利的地形条件下，与敌反复争夺，战士们前赴后继，顽强拼杀，战斗打得非常艰苦，最后将两处据点的敌人全部歼灭。攻打秦庄的部队，成功地实现了刘、邓首长关于在战役中争取瓦解其动摇部分的决心，他们依靠强有力的政治攻势，打了一个非常漂亮的“政治进攻战”。

秦庄是高德林伪部的一个十分坚固的据点，共有七座碉堡，连同两道外壕一起，足足占有十余亩地。每座碉堡上下三层，每层都开着许多枪眼，能够节节扼守碉堡的外围，要用火力攻克，我军无疑要付出很大的代价。

但是，守卫着这个用碉堡做外壳的秦庄的，是两百多个暂时还未觉醒、但良知并未泯灭的中国人。尤其是其中有一位几个月前就与我八路军建立起联系的副官成少林，他原是这支队伍的“创建人”，当年高德林曾许诺过他，如果他的队伍扩大到一个营，这个营长就是他的。然而，当队伍发展到两百人的时候，高德林却只让他当了这支队伍的副官。不但如此，他和同伙在高德林部还备受歧视，高德林有自己的兵工厂，可发给他们的，不是崭新的“德林式”，而是一些破烂货；高德林在煤矿每天要赚上万元大洋，他们穿的却是已经褪了色、破烂不堪的旧制服；半年多没有领过薪饷；队伍的粮食，都是征一天，吃一天。特别是高德林投靠日军后，成副官对高德林的不满情绪日益增长。我党利用敌人的内部矛盾，经过耐心细致地工作，终于使成副官认识到自己被高德林利用了，不能再跟高德林为虎作伥，决心弃暗投明，把他手下的苦难兄弟拉回到抗日阵营。于是，几个月来，他冒着生命危险，在同伙中间秘密地开展联络反正工作。

刘、邓首长下达邢沙永战役基本命令之后，我军就根据秦庄守敌的情况，作出了政治瓦解该敌的部署。因此，十三团对秦庄形成军事包围之后，便派两个参谋带着部队领导写给守敌大队长的一封信，大义凛然，挺身进了秦庄。信这样写道：

“告诉你们一个兴奋的消息，现在我们已经集中了十个旅以上的兵力，在平汉路的两侧展开大战。在这方面，一定要把公司窑、三王村等地方打下。今晚12点就要行动，希望你们早做准备，不要错过机会。”

我两位参谋进入“虎穴”之后，先做伪自卫大队长的工作，讲清我党我军的政策。伪大队长觉醒后，马上召开了一个紧急军官会议，磋商反正事宜。在我派遣人员和成少林的共同工作下，经过反复谈判、协商，终于促成了秦庄守敌的反正。

9月1日下午2时许，秦庄守敌两百余人，在我强大的军事压力与耐心的政治争取下，全部反正，投入抗日阵营。我平汉纵队的一位领导专门来到秦庄，对反正的伪军表示欢迎，对他们弃暗投明的正义行动给予了高度赞扬。成少林代表反正的伪军也表示了誓死抗日的决心。经过整编，这支队伍改编为“平汉纵队独立大队”。

公司窑的被毁，高德林部大部被歼，就像捅了日军心窝子一样。敌人企图挽回败局，恢复原防御态势，于3日下午从邢台、赵泗水方向纠集了四百多日军，在六架飞机的配合下，兵分四路，气势汹汹地向我军猛扑过来。此时，公司窑战斗已经结束，我军三八五旅除留下警戒分队外，主力均已转移到册井、安河、小南沟一带集结。这一带已进入太行山抗日根据地边缘区，地形对我军十分有利。

敌军于4日上午8时许到达辛庄，与我警戒分队第十四团一营一连接火。为诱敌深入，战至10时许，我警戒分队主动后撤，敌随即占领了御路村以西的高地，与我形成对峙。

御路村坐落在山坳间，与其相邻的村庄西边是将军墓，西南是功德望。这两个村子均在我军钳制中。将军墓以东的长形高地可以火力直接控制御路一线。功德望的地势也比御路略高，正是一个打击敌人的有利地形。一直亲临第一线指挥作战的三八五旅陈旅长冷静地分析了敌我形势，并询问正在身旁的七六九团一营营长李德生：“部队情绪怎么样？”李营长回答说：“士气正旺着呢，旅长快下命令出击吧！”

陈旅长当机立断，决定乘敌突出冒进，孤立无援之际，利用我抗日根据地的天时、地利、人和，狠狠地教训这股敌人。随即命令十四团立即占领将军墓以东的高地，正面牵制敌人，七六九团从功德望向敌人左翼突击。

下午6时，反击日军的战斗打响了，敌人在我军夹击之下，乱成一团。七六九团一营在李德生营长的指挥下，以迅雷不及掩耳之势，一举突破敌左翼防御，并以手榴弹、掷弹筒打得日军人仰马翻、血肉横飞。敌前梯队一百余人，在我军强大攻势下，一下子后退约一公里，昔日不可一世的日军，这时他们的“武士道”精神不知跑到哪里去了。当天夜里，我军又向敌人发起了数次猛烈攻击。日军不甘心失败，为了稳定防御，驻邢台日军指挥部派六架飞机前来增援，在对我方阵地实施狂轰滥炸的同时，空降了五名指挥官来收拾残局。新来的指挥官一上阵，一连砍倒好几个正在退却的日军，这样才勉强稳住了阵脚。但是我军攻击部队不给敌人一点喘息的机会，紧紧地咬住敌人不放，阵地上到处是枪声、手榴弹的爆炸声和喊杀声，敌人死

一二九师司令部旧址

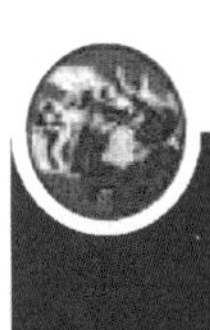

伤越来越多，完全失去了抵抗能力。我军攻击部队士气则越战越高，越打越猛。被打得焦头烂额的日本侵略军，为逃脱在御路被我全歼，6日清晨，在飞机的掩护下仓皇溃逃，急急如丧家之犬，滚滚似漏网之鱼。在前沿阵地指挥战斗的一营教导员王亚朴，最先发觉日军退却的企图，于是大声喊道："同志们，鬼子要溜了，追击前进！"王教导员话音未落，部队就呼啦啦地冲了过去，一直追击到刘石岗，又打死了一批日军。陈旅长考虑到此次战役的目的已达到，同时还要防止日军主力前来增援，于是命令一营停止追击，撤离战场。

战斗胜利结束了，太阳穿过蒙蒙的薄雾，吐出万道霞光。此刻的太行山，巍然屹立，显得更加雄伟壮观。我中华民族抗击日军侵略的意志，就像这太行山一样，坚韧不拔，气贯长虹。在崇山峻岭中的蜿蜒山路上，凯旋的八路军一二九师指战员和民兵携带着缴获的战利品，高唱着《我们在太行山上》的战歌，又踏上了抗日斗争新的征途。

邢沙永战役，三八五旅和兄弟部队一起圆满地实现了刘、邓首长的战役企图。整个战役中，我军一度攻克南和、沙河两县城和公司窑等据点八处，碉堡五十三座，缴获修械、造枪机器和器材各一部分，歼日伪军一千三百四十余人，并争取了部分伪军反正。这一仗，把敌人几年来在公司窑一带苦心经营的巢穴彻底摧毁了，并在邢沙永地区打开了一个口子，粉碎了敌人对太行山抗日根据地的封锁，使敌人控制下的平汉路翼侧暴露，迫使敌人不得不调整部署，将一部兵力由北南调，以保护其翼侧安全。从而部分地破坏了敌人"扫荡"我抗日根据地的部署，有力地配合了晋察冀边区军民的反"扫荡"斗争。战役后不久，八路军副总司令彭德怀在北方局党校会议上，高度赞扬此次战役狠狠打击了敌人的嚣张气焰，打出了抗日军民的威风。他说："这一仗打得好！说明日本鬼子没什么可怕的，我们三八五旅一个营，在御路不就把他们一个大队打得一天一夜动弹不了了嘛！"此外，这次战役基本上是一次攻坚战，所取得的作战经验，对指导后来的攻城和攻坚作战也产生了深刻的影响。

（本文作于1986年，由八路军太行山纪念馆供稿）

『抗日救亡革命老屋主』的革命家庭

口述/杨日强　整理/郭承志

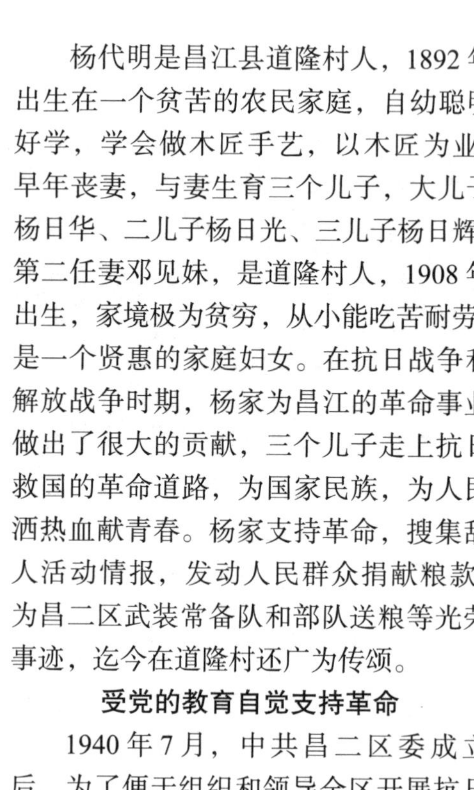

杨代明是昌江县道隆村人，1892 年出生在一个贫苦的农民家庭，自幼聪明好学，学会做木匠手艺，以木匠为业，早年丧妻，与妻生育三个儿子，大儿子杨日华、二儿子杨日光、三儿子杨日辉。第二任妻邓见妹，是道隆村人，1908 年出生，家境极为贫穷，从小能吃苦耐劳，是一个贤惠的家庭妇女。在抗日战争和解放战争时期，杨家为昌江的革命事业做出了很大的贡献，三个儿子走上抗日救国的革命道路，为国家民族，为人民洒热血献青春。杨家支持革命，搜集敌人活动情报，发动人民群众捐献粮款，为昌二区武装常备队和部队送粮等光荣事迹，迄今在道隆村还广为传颂。

受党的教育自觉支持革命

1940 年 7 月，中共昌二区委成立后，为了便于组织和领导全区开展抗日运动，区委和交通站从白沙村移到道隆村。于是道隆村成为昌二区抗日革命的活动中心。区委书记桂树魁经常住在郭有年和杨代明家，组织郭日明、邓秉珠、陈辉等党员同志及进步青年共商开展抗日活动之事，领导昌二区人民同日军、国民党进行斗争。杨代明的妻子邓见妹受到党的教育，抗日革命思想觉悟得到提高，特别是部队武装人员经常一大批一大批地从道隆村路过，更使她对共产党领导的抗日革命斗争寄托了极大的希望，自觉以实际行动支持抗日革命工作。道隆村交通接待站成立后，昌感、崖县上前线的大批青年，只用一个晚上就从昌化江南岸赶到道隆村，第二天白天休息一整天，晚上再从道隆村去邦溪、鸡心。邓见妹看见交通接待站的同志工作很忙，就主动同郭二婶和郭日明的妻子

琼崖纵队的女兵

一起帮忙挑水做饭。

1941年夏，道隆村党支部根据昌二区委的指示精神，坚持贯彻党的抗日方针，正确执行抗日民族统一战线政策，发动进步青年男女，组织成立农民抗日后援会、青年抗日救国会、妇女抗日救国会、儿童团等抗日团体。杨代明、邓见妹夫妻俩积极响应，以高度的政治觉悟和民族大义，不计报酬，不顾个人得失，甚至时刻准备为民族的利益牺牲，亲自安排自己的三个儿子杨日华、杨日光、杨日辉参加本村农民抗日后援会、青年抗日救国会、儿童团。同年9月，琼崖抗日总队第三支队奉命撤离邦溪、鸡心，转移到万宁县。经过道隆村时，林杨春就把几名伤员留下交给昌二区委医治，伤员里中队长唐承亮受伤较重，他的手臂被顽兵砍了三刀，伤口有两寸多长，区委书记桂树魁指示道隆村党支部派专人护理，寻找民间草药治疗。杨代明、邓见妹夫妻俩得知此事后，主动上门请求党支部把医治伤员和护理任务交给他们夫妻俩。村党支部就指定杨代明专门负责上山采药熬药（当时杨代明是村里一名懂一些草药的人，村里的人们常叫他“采草药的杨师傅”），邓见妹和郭二婶及郭日明妻子轮流负责为伤员包药、换药、洗身、做饭，保证伤员一日三餐吃饱饭。经过他们一个多月的治疗和精心护理，几位伤员很快恢复健康返回部队。

1942年4月，昌二区委区署成立抗日武装常备队。成立初期，共有二十多人，经常缺粮食。昌二区武装常备队人员的粮食大部分都是由杨代明、邓见妹夫妻及儿子杨日华负责筹集和运送。邓见妹经常起早贪黑到地里掏红薯，回家后把红薯选出大的、好的，埋藏在沙堆里。雨季到了，她就上山钩取竹笋，一坛一坛地腌好，她舍不得拿给家里人吃，当得悉昌二区武装常备队和部队到道隆村附近活动时，她就把红薯和腌好的竹笋取出来，及时挑送给武装常备队和部队，解决了武装常备队和部队的生活问题。

1943年秋，敌人为了切断抗日支前物资，把道隆全村人都强迁往峨港村居住（峨港村当时为敌占区）。但是邓见妹不怕敌人砍头，带着一个不到一岁的孩子杨日强，在那白色恐怖的日子里，一直坚持住在道隆村，做抗日秘密联络工作，帮助收集粮食供应部队。邓见妹乔装打扮，常以讨饭身份做掩护，进入敌人兵力集中的峨港村，侦察敌人活动情况。昌二区武装常备队员郭有为、李芝茂、郭朝儒、邓秉仁等同志经常秘密到道隆村活动，邓见妹就将峨港村和道隆村的情况向他们汇报。

一天，邓见妹被国民党抓去，用木棍皮鞭殴打，打得皮开肉绽，最后昏倒在地，不省人事，邓见妹坚决不透露共产党任何活动情况，国民党在没有证据的情况下只好把邓见妹释放。释放后，她更加深了对敌人的仇恨，更坚定了革命的信心，带着伤痛又继续秘密地为共产党地下活动工作。道隆村许多青年初次参加革命，温饱问题得不到解决，邓见妹就想办法给他们送去粮食。昌二区抗日民主政府收集公粮供应部队时，邓见妹也大力帮助收集运送。

1945年8月，日本宣布无条件投降，道隆村在峨港村避难的抗日革命家属和人民群众重返自己的家乡，但是道隆村的国民党头目依然骑在人民头上行凶作恶，强迫道隆村人民为他修筑碉堡工事，企图做垂死挣扎。在道隆村党支部书记邓秉仁同志的领导下，邓见妹配合做内线侦察，探查碉堡内敌人岗哨的活动规律，将情况汇报给昌二区武装常备队的同志。经他们酝酿决定，破坏炮楼，打击国民党。

一天，太阳落山前，在群众的掩护下，武装常备队员化装成农民劳动收工回家进村，趁敌人的哨兵换岗吃晚饭之机，邓秉仁、郭有为、邓秉川、李芝茂四位武装常备队员机智勇敢地冲进敌人炮楼，把早已备好的煤油倒在四个角木柱上，放火烧毁了炮楼。

邓见妹自觉支持革命斗争的行动，一直坚持到1950年5月海南岛解放。

父子俩任保长发动群众支援前线

1941年，道隆村党支部根据昌二区委的指示，挑选民主村庄的保长，既要考虑把政权掌握在共产党人的手里，又要考虑有利于扩大抗日民族统一战线工作，于是经过认真地考察和挑选，决定推举为人正直、洁身自好、为公办事，对人民疾苦富有同情心，群众威望较高，且政治可靠、立场坚定、敢于同敌伪作斗争的杨日华（1913年生，1940年夏入党）为道隆村抗日民主政府第一任保长人选。杨日华当选后不负众望，竭尽全力为党和人民积极工作。杨日华的父亲杨代明担任日伪保长，暗地里积极配合村党支部开展抗日工作，为共产党送情报、征粮、征税等，机智勇敢地以各种手段应付敌人，从而不同程度地保护人民的生命与财产的安全。杨代明、杨日华父子俩分别担任道隆村日伪保长、民主政府保长，父子俩担任的工作职务性质不同，但实际上他们的宗旨是一颗红心向着共产党，同心协力，出生入死，积极完成党组织交给的各项任务。

杨代明积极开展抗日救亡工作，秘密从事地下革命活动，发动群众捐款支援琼崖独立总队。他始终充满乐观的革命热情，情绪高昂，不顾个人的安危，以做木匠为名，每天起早摸黑，经常到邻近的打显、白沙、进董、海尾等村庄，为群众建房、做家具，秘密地向群众宣传只有中国共产党才能真正抗日救国的道理，动员群众投身伟大的抗日斗争。为了扩大党的抗日救国力量，杨代明积极发动青年参加革命，利用当国民党、日伪保长、做木匠的身份等有利条件，先后亲自暗中护送本村爱国青年邓秉环、郭有为、郭朝儒等不少同志奔赴抗日前线。

1942 年 4 月，昌二区抗日民主政府成立，调区委书记桂树魁任区长，羊礼接任区委书记，吉进台任区委组织委员、苏华明任区委宣传委员。不久，昌二区署先后建立了道隆、白沙、进董、沙渔塘、打显、海尾、新港七个村民主（保）级政府，道隆村是海南最早建立革命政权的村庄之一。

1942 年 5 月起，日本侵略者集中力量对抗日根据地进行“蚕食”“扫荡”，加紧对共产党领导的抗日武装进行经济、军事封锁。当年 6 月至 8 月，中共昌感县委在全县范围内发动群众开展捐献“反攻基金”运动，杨代明一家积极响应，带头卖田卖牛捐献一千多光洋。杨代明、杨日华父子俩积极配合村党支部，白天黑夜，走家串户，发动进步群众捐献“反攻基金”。在他们的积极配合发动下，全村超额完成中共昌感县委分配五千块光洋（其中有部分以物折算）任务，全村共捐献一万多银圆（其中有日币），居全县第一，被中共昌感县委评为抗日模范村。群众捐献的银圆主要是由区委书记桂树魁通过杨日华和交通员送

1950 年 5 月 1 日海南岛全岛解放，海口市民集会庆祝

给琼崖独立总队，弥补军费不足。

父子四人为抗日捐躯

1942年秋某日，国民党头目张焕球、钟德基，派兵持枪窜到道隆村，同道隆村的敌伪互相勾结，闯到杨代明家，要求其为他们筹集饷粮。面对突来之敌，杨代明满口应允，并给予筹集了少量的粮饷。又过了几天，敌匪又派兵来征粮，杨代明笑脸迎合敌人，好言巧语哄骗敌人，拖延期限。久而久之，敌匪开始怀疑杨代明欺骗他们，于是便派汉奸暗中跟踪监视。一天，杨代明、杨日华父子俩在为共产党执行筹送粮款任务中被敌人察觉，国民党、日本汉奸立即派兵包围道隆村，抓捕了杨代明、杨日华父子。为了从他们父子俩口中得到共产党的活动地点和共产党员名单及昌二区武装常备队驻地，国民党头目竟然下令强行捆绑扭拖杨代明、杨日华父子俩到村东南边坡地路口，严刑拷打，并惨无人道地用刺刀一边刺一边审问杨代明。杨代明面对这帮凶暴的敌人，理直气壮地说："我早就想明白了，我为共产党出力的最终目的是解放受苦受难的人民，这样的事业是正义的，我与谁接头联络、为谁筹送粮食，这是我的秘密，决不能告诉你们。"国民党从杨代明口中得不到任何有价值的东西，于是在杨代明身上刺了三十多刀。杨代明惨遭杀害，享年五十岁。紧接着敌伪凶手又举刀审问杨日华，说："你看到你父亲是怎么死的吗？你不说出共产党员名单和昌二区武装常备队驻地，就同你父亲一样下场。"杨日华脸不变色心不跳，说："你们要杀要剐随你们的便。"就这样，杨日华在敌人的屠刀下英勇就义，年仅二十九岁。

当天国民党、日本汉奸头目黄某说杨家通共，要对杨家铲草除根。幸亏这天杨代明的三儿子杨日辉在野外山坡放牛，敌人不知去向。敌人得知杨代明的二儿子杨日光被日伪军抓去保平村参加修公路，马上派兵到保平修公路工地抓捕杨日光。杨日光曾念过几年私塾，是一个有文化、思想进步的青年，也是道隆村抗日革命组织活动的得力助手，忠诚老实。杨日光被捉后押到国民党日伪司令部驻地昌化大岭，在敌人的严刑拷打审问下，宁死不屈，不透露丝毫有关共产党的活动情况。敌人无可奈何，于次日早上将杨日光扭拖至下岭脚杀害。一昼夜，杨代明、杨日华、杨日光父子三人被惨遭杀害。

邓见妹含着悲痛的心情同乡亲们一道埋葬好丈夫和儿子后，立马忍着悲痛又送第三个儿子杨日辉参加革命，任抗日民主政府交通员。杨日辉为人勤劳，足智多谋，每当接到紧急任务，在伸手不见五指的夜里启程，跋山涉水，冒着生命危险步行来回传递情报。1946年某日，杨日辉在前往芦古村（今儋州市辖）交通站执行紧急传递情报任务途中被国民党发现被捕，在严酷拷打下，英勇顽强，视死如归，被殴打成重伤，光荣牺牲。

1951年，邓见妹出席了海南行署召开的第一届老区人民代表会议，会上，海南行署授予邓见妹"抗日救亡革命老屋主"荣誉称号，追认邓见妹家庭为"革命烈士家庭"。

（本文选自新浪博客）